NEU

Kommunikation

Susumu Zaima

ASAHI Verlag

音声ダウンロード

 音声再生アプリ 「リスニング・トレーナー」

朝日出版社開発の無料アプリ、「リスニング・トレーナー（リストレ）」を使えば、
教科書の音声をスマホ、タブレットに簡単にダウンロードできます。
どうぞご活用ください。

まずは「リストレ」アプリをダウンロード

≫ App Storeはこちら   ≫ Google Playはこちら

▼ アプリ【リスニング・トレーナー】の使い方

① アプリを開き、「コンテンツを追加」をタップ

② QR コードをカメラで読み込む

③ QR コードが読み取れない場合は、画面上部に　25463　を入力し
「Done」をタップします

QRコードは㈱デンソーウェーブの登録商標です

音声ストリーミングページ

https://text.asahipress.com/free/german/kommunikation-neu/

🎧 音声はこちらのホームページから
ストリーミング再生で視聴できます。

表紙デザイン：駿高泰子（Yasuco Sudaka）
本文イラスト・デザイン：岩崎デザイン事務所

は じ め に

本書は，日常的な会話テキストを通して，ドイツ語を楽しみながら学習して行くドイツ語初級教科書です。

本書は，以下のような順序で学習をしてください。

① まず，文法のことを考えずに，**Dialog**の音声を聞きます。会話文の意味は，予習用学生教材で確かめます。会話文の意味を確認しながら，**Dialog**を何度も聞きます。

② **Dialog**に音声的に慣れてきたら，次に，「文法」ページでポイントを確認しながら，それぞれの課の文法項目をしっかり学びます。

③ 文法項目が理解できたら，**Dialog**を再度読み，文法的に理解します。会話文が文法的に理解できるようになったら，今度は**Dialog**の「役割練習」に移ります。

④ 最後に，「実践」で，日常生活で話題になるテーマについてクラスメート同士などで会話の練習をします。

なお，会話テキストは，学習文法項目がはっきり感じ取れるように，ネイティヴの普通の会話では省略されるような部分も繰り返し用いているものもあります。そのため，中には，少し不自然になっているものもあります（文法的には正しいのです）。そのような場合には，実際の会話で用いられる自然なものを ネィティヴは の記号をつけて併記してあります。ネイティヴの話す会話のリズムを感じ取ってください。

ドイツ，オーストリア，スイス，ルクセンブルク，リヒテンシュタイン——ドイツ語が公用語として話されている国々です。ドイツ語を本格的にマスターすることはそんな簡単なことではないかも知れません。しかし，ドイツ語の初級を学ぶだけでも，上記の国々がとても身近に感じられるようになるものです。そしてまた，英語だけを学んでいたときとは異なった新たな知的世界が広がってくるはずです。難しがることはありません。ゆっくりと，しかし繰り返し…。みなさんの頑張りを期待します。

....
このたびのＶ２新版の作成にあたっては，かつての学友である岩川直子さんからの様々なご助言に基づき，全面的な見直しを行いました。その結果，テキスト本体の変更はほとんど行っておりませんが，「予習用教材」は，**Lesestück**を付け加えるなど，いろいろな形で充実することができました。ここにあわせてお礼を申し上げます。

....
本書は，イラストを多く取り入れ，ドイツ語を身近なものと感じながら，楽しく学んでほしいという方針で作成したものです。このたびＶ２新装版の作成にあたっては，再度この方針を確認し，特に使用語彙の見直しを行いました。本書がみなさんのドイツ語学習に少しでも役立つものになれば幸いです。

2022年秋

著　者

ドイツ語圏略地図 （ □ はドイツ語使用地域）

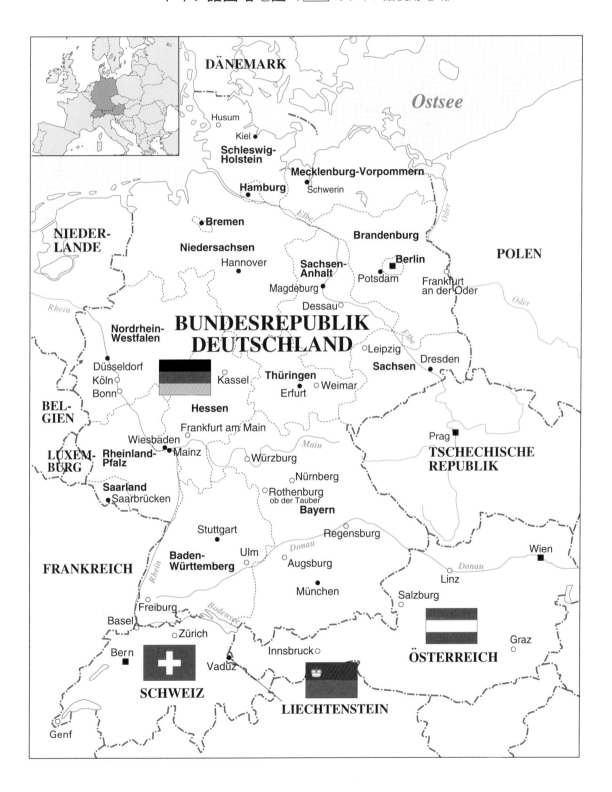

Inhalt
目次

📖 文法補足 人称変化のバリエーション

Lektion 0

2 🎧 つづりと発音

Aa [aː]	**Bb** [beː]	**Cc** [tseː]	**Dd** [deː]	**Ee** [eː]
Ff [ef]	**Gg** [geː]	**Hh** [haː]	**Ii** [iː]	**Jj** [jɔt]
Kk [kaː]	**Ll** [ɛl]	**Mm** [ɛm]	**Nn** [ɛn]	**Oo** [oː]
Pp [peː]	**Qq** [kuː]	**Rr** [ɛʁ]	**Ss** [ɛs]	**Tt** [teː]
Uu [uː]	**Vv** [faʊ]	**Ww** [veː]	**Xx** [iks]	**Yy** [ypsilon]
Zz [tset]	**Ää** [ɛː]	**Öö** [øː]	**Üü** [yː]	**ß** [estsét]

ßの書き方

💬 äは口をすなおにあけ, [エ], [エー] と言います. 日本語の [エ], [エー] とだいたい同じです. öは口をまるめて, そのままの状態 で [エー] と言うと出て来る音です. üは口をさらにまるめて, そのままの状態で [イー] と言うと出て来る音です. 鏡で口の形 を見ながら, 練習しましょう.

Guten Morgen!
おはよう！

Guten Tag!
こんにちは！

Guten Abend!
こんばんは！

Gute Nacht!
おやすみ！

Auf Wiedersehen!
さようなら！

**Entschuldigung!
Verzeihung!**
ごめんなさい！

Bitte!
どうぞ！

Danke!　　**Bitte (schön)!**
ありがとう！　どういたしまして！

🎧 **4** 文法

つづりと発音

1 ローマ字のように読みます.

kommen	来る（英 *come*）	**trinken**	飲む（英 *drink*）
Tennis*	テニス（英 *tennis*）	**Haus**	家（英 *house*）
braun	褐色の（英 *brown*）	**gern**	喜んで（英 *gladly*）

*ドイツ語の名詞は常に語頭を大文字で書きます.

2 ドイツ語特有のつづりと発音

☆母音

	読み	独	日	
ä	[ɛ]	**Getränk**	飲み物	（英 *drink*）
	[ɛ:]	**Fakultät**	（大学の）学部	
ö	[œ]	**können**	できる	（英 *can*）
	[ø:]	**hören**	聞く	（英 *hear*）
ü	[ʏ]	**fünf**	5	（英 *five*）
	[y:]	**müde**	疲れた	
ei	[aɪ]	**drei**	3	（英 *three*）
ie	[i:]	**Liebe**	愛	（英 *love*）
eu	[ɔʏ]	**neu**	新しい	（英 *new*）
äu	[ɔʏ]	**träumen**	夢を見る	（英 *dream*）

母音＋**h** ▸ hは前の母音を長く発音することを示します

		gehen	行く	（英 *go*）

☆子音

ch a, o, u, auの後ろ ▸ [x] ⟵ のどの奥の音

a+ch	[ハ]	**acht**	8	（英 *eight*）
o+ch	[ホ]	**noch**	まだ	
u+ch	[フ]	**Buch**	本	（英 *book*）
au+ch	[ホ]	**auch**	‥も	（英 *also*）

		その他の場合	［ç］	← 口の先の音	
	［ヒ］	**ich**	私は	（英 *I*）	
		Milch	ミルク	（英 *milk*）	
		China	中国	（英 *China*）	
j	［j］	**ja**	はい	（英 *yes*）	
v	［f］	**viel**	多い		
w	［v］	**Wein**	ワイン	（英 *wine*）	
x	［ks］	**Taxi**	タクシー	（英 *taxi*）	
z	［ts］	**zehn**	10	（英 *ten*）	
ß	［s］	**Fuß**	足	（英 *foot*）	
		heißen	…という名前です		
s＋母音	［z］	**singen**	歌う	（英 *sing*）	
chs	［ks］	**sechs**	6	（英 *six*）	
sch	［ʃ］	**Schuh**	靴	（英 *shoe*）	
tsch	［tʃ］	**Deutsch**	ドイツ語		
語頭 **sp-**	［ʃp］	**spielen**	（スポーツを）する		
語頭 **st-**	［ʃt］	**studieren**	大学で学ぶ	（英 *study*）	
語末 **-b**	［p］	**halb**	半分	（英 *half*）	
語末 **-d**	［t］	**Freund**	友達	（英 *friend*）	
語末 **-g**	［k］	**Tag**	日	（英 *day*）	
				無声化	
語末 **-ig**	［ɪç］	**billig**	安い		
語末 **-r**		**Bier**	ビール	（英 *beer*）	
		Uhr	時計		
語末 **-er**		**Wasser**	水	（英 *water*）	
		Nummer	番号	（英 *number*）	

軽く「ア」

💬 [s] の音はふつう **ss** か **ß** のつづりで表します.

前の母音が短い場合 → **ss** **Wasser** 水
前の母音が長い場合 → **ß** **Fuß** 足
前の母音が二重母音の場合 → **ß** **heißen** …という名前です

例外： das「それ」, best「もっともよい」

実践

読んでみよう！

1

次の国名と都市名を地図の空欄に入れて，発音してみましょう.

 **5** Challenge!

- ⭐ **Berlin** （ベルリン）
- ⭐ **Bonn** （ボン）
- ⭐ **Frankfurt** （フランクフルト）
- ⭐ **Heidelberg** （ハイデルベルク）
- ⭐ **München** （ミュンヒェン）
- ⭐ **Salzburg** （ザルツブルク）
- ⭐ **Wien** （ウィーン）
- ⭐ **Zürich** （チューリヒ）

- ⭐ **Frankreich** （フランス）
- ⭐ **Österreich** （オーストリア）
- ⭐ **die Schweiz** （スイス）
- ⭐ **Bundesrepublik Deutschland** （ドイツ）

 6 Challenge!

次の名詞と右側の説明を結びつけ，発音してみましょう.

Bach ☐	☐ スキー場の…
Einstein ☐	☐ 音楽家（ドイツ生まれ）
Frankenstein ☐	☐ 音楽家（オーストリア生まれ）
Autobahn ☐	☐ 犬の一種
Mozart ☐	☐ 日本語ではリュックサック
Baumkuchen ☐	☐ ケーキの名前
Dackel ☐	☐ 人造人間の名前
Gelände ☐	☐ 相対性理論
Rucksack ☐	☐ アウトバーン（ドイツの高速道路）

2

7 Dialog 1

☆ **Guten Tag, Herr Müller!**
  ☆ Guten Tag, Frau Schmidt!
☆ **Wie geht es Ihnen?**
  ☆ Danke, gut!

上の例にならって，先生やクラスメートと役割練習をしましょう．

◆答えのバリエーション

sehr gut「とてもいいです」／**es geht**「まあまあです」／**nicht gut**「よくありません」

8 Dialog 2

☆ **Hallo, Klaus! Wie geht's?**
  ☆ Hallo, Anne!
    Danke, gut.
    Und dir?
☆ **Es geht.**

上の例にならって，先生やクラスメートと役割練習をしましょう．

Wie geht es Ihnen? を逐語的に訳すと，「あなたにとって (Ihnen)
どのように (Wie) それは (es) 行っています (geht) か (?)」です．
親しい人に対してはIhnenをdir「君にとって」に代えて，
Wie geht es dir? と言います．なお，Dialog 2のgeht'sはgeht es
を縮めたものです．またUnd dir? はUnd wie geht es dir? の
Undとdir以外を省略したものです．

Lektion 1

Ich trinke gern Kaffee.
~動詞の形（人称変化），語順～

9 Dialog 1

✪ **Trinken Sie gern Kaffee*?**

✪ Ja, ich trinke gern Kaffee.

ネイティヴは ✪ **Trinken Sie gern Kaffee?**
✪ **Ja.**

◆上の例のKaffeeを次の単語に代えて，役割練習をしましょう。 **10**

(1) Tee   (2) Kakao   (3) Saft

(4) Cola   (5) Limonade   (6) Mineralwasser

Dialog 2 (11)

✪ **Was trinkst du gern?**
　✪ Ich trinke gern Tee.
　Und du?
✪ **Ich trinke gern Kaffee.**

ネイティヴは
　✪ **Was trinkst du gern?**
　✪ **Tee. Und du?**
　✪ **Kaffee.**

　上の例のTee／Kafeeを次の単語に代えて，役割練習をしましょう．

(1) Cola / Limonade　　　**(2) Saft / Mineralwasser**
(3) Apfelsaft / Orangensaft　**(4) Tomatensaft / Traubensaft**

上の例にならい，クラスメートに好きな飲み物を尋ねてみましょう．

Dialog 3 (12)

✪ **Spielst du gern Tennis?**
　✪ Ja, ich spiele gern Tennis.
　Und du?
✪ **Ich spiele auch gern Tennis.**

ネイティヴは
　✪ **Spielst du gern Tennis?**
　✪ **Ja. Und du?**
　✪ **Ich auch.**

上の例のTennisを次の単語に代えて，役割練習をしましょう． (13)

(1) Tischtennis　　**(2) Fußball**　　**(3) Baseball**

(4) Golf　　　　　**(5) Federball**

文 法

POINT···▷ ☆ Dialog のポイントは**動詞の形**です.

主語の種類に応じて，動詞に付く語尾が異なっていることを確認してください.

Trinken	*Sie*	...		あなたは…
... *ich*	**trink**e	...		私は…
...	**trink**st	*du*	...	君は…
	Spielst	*du*	...	君は…
... *ich*	**spiel**e	...		私は…

1

主語になる人称代名詞の一覧表

人　称		単　数			複　数		
1人称		**ich**	私	(*I*)	**wir**	私たち	(*we*)
2人称	親称	**du**	君	(*you*)	**ihr**	君たち	(*you*)
	敬称	**Sie**	あなた	(*you*)	**Sie**	あなたたち	(*you*)
3人称		**er**	彼	(*he*)	**sie**	彼ら 彼女ら それら	(*they*)
		sie	彼女	(*she*)			
		es	それ	(*it*)			

ichは英語の*I*と異なり，文頭以外では常に小文字で書きます.

2

2人称のdu/ihrは**親称**と呼ばれ，親しい人，たとえば家族，恋人，友人などに対して用いるのに対して，Sie/Sieは，**敬称**と呼ばれ，初めて会う人，まだそれほど親しくない人に対して用います. 敬称Sieは単数・複数が同形で，文頭以外でも常に語頭を大文字で書きます.

3

動詞は，主語の種類に応じて異なった語尾を付けます．
主語の種類に応じて異なった語尾を付けることを**人称変化**，
またこのような語尾の付いた形を**定形**と呼びます．
次の例で太字の部分が語幹，イタリックの部分が語尾です．

ich	trink*e*	私は飲む		wir	trink*en*	私たちは飲む
du	trink*st*	君は飲む		ihr	trink*t*	君たちは飲む
Sie	trink*en*	あなたは飲む		Sie	trink*en*	あなたたちは飲む
er		彼				
sie	} trink*t*	彼女 } は飲む		sie	trink*en*	彼（女）らは飲む
es		それ				

3人称単数のer/sie/esは，常に同じ人称変化をします．

◆下線部に適当な語尾を入れてみましょう．

ich	spiel*_____		wir	spiel _____
du	spiel _____		ihr	spiel _____
Sie	spiel _____		Sie	spiel _____
er	spiel _____		sie	spiel _____

* =「（スポーツなどを）する」

4

主語の種類とは無関係に，語幹に -en をつけた形を**不定形**と呼びます
（wirなどの定形と同一：たとえばtrink*en*）．不定形は，英語の原形（*am, is*
などに対する*be*の形）に当たるものです．不定形は，辞書の見出し語など
に用いられます．

5

英語の*be*動詞に当たるドイツ語の動詞seinは，次のように人称変化します．

ich	bin		wir	sind
du	bist		ihr	seid
Sie	sind		Sie	sind
er	ist		sie	sind

Lektion 1

文 法

POINT ☆ Dialog のもう一つのポイントは，**動詞の位置**です．

文の種類に応じて，位置が異なっていることを確認してください．
「…は…です」という文（平叙文）の場合，動詞が文頭から2番目（第2位）に，
yes か *no* の返事を求める疑問文（決定疑問文）の場合，動詞が文頭に，
疑問詞を用いる疑問文（補足疑問文）の場合，疑問詞が文頭に，動詞が第2位に
置かれています．

《平叙文》	**Ich**	*trinke*	**gern**	**Kaffee.**
《決定疑問文》	*Trinken*	**Sie**	**gern**	**Kaffee?**
《補足疑問文》	*Was*	*trinkst*	**du**	**gern?**

疑問文でも，英語の *do* のような助動詞は用いません．

6 　日本語からドイツ語の文を作る場合，次のようにして作ります．

★平叙文

語句を日本語と同じ順序で並べ，最後に来る動詞を定形にし，
2番目（第2位）に置きます．

彼は ＿＿＿＿ コーヒーを 飲みます
Er ＿＿＿＿ **Kaffee** *trinken*

Er trinkt Kaffee.

★決定疑問文

語句を日本語と同じ順序で並べ，
最後に来る動詞を定形にし，文頭に置きます．

＿＿＿＿ あなたは コーヒーを 飲みます か
Sie **Kaffee** *trinken* **?**

Trinken Sie Kaffee ?

★補足疑問文

語句を日本語と同じ順序で並べ，疑問詞を文頭に，
最後に来る動詞を定形にし，第2位に置きます．

＿＿＿＿ ＿＿＿＿ 君は 何を 飲みます か
＿＿＿＿ ＿＿＿＿ **du** **was** *trinken* **?**

Was trinkst du ?

自己紹介をしてみよう！

14 Dialog 1

☺ **Guten Tag, ich heiße Kohl.**
　　☺ Guten Tag, Schmidt.

 ✐上の例にならって，先生やクラスメートと役割練習をしましょう.

15 Dialog 2

☺ **Guten Tag, ich heiße Klaus Wolf.**
　　☺ Guten Tag, Herr Wolf.
　　　Ich bin Saori Tanaka.
☺ **Woher kommen Sie?**
　Kommen Sie aus China?
　　☺ Nein, ich komme aus Japan.

 ✐上の例にならって，先生やクラスメートと役割練習をしましょう.

参考　**16** Dialog 3

☺ **Hallo, ich bin Klaus. Wie heißt du?**
　　☺ Tag, Klaus. Ich bin Saori.
☺ **Woher kommst du?**
　　☺ Aus Japan.

Lektion 2

Das ist ein Bierkrug.
~名詞の形1（1格）~

17 **Dialog 1**

⭐ **Was ist* das?**

　　⭐ Das ist ein** Bierkrug.

　　　　*＝英 *is*
　　　　**＝不定冠詞（英 *a/an*）

⭐ **Was ist das?**

　　⭐ Das ist eine Teetasse.

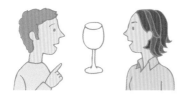

⭐ **Was ist das?**

　　⭐ Das ist ein Weinglas.

ネイティヴは

　　⭐ Was ist das?
　　　⭐ **Ein Bierkrug.**
　　⭐ Was ist das?
　　　⭐ **Eine Teetasse.**
　　⭐ Was ist das?
　　　⭐ **Ein Weinglas.**

単語帳　**18**

（名詞の前に **r** が付いている場合，不定冠詞は ein の形を，**e** が付いている場合，
不定冠詞は eine の形を，**s** が付いている場合，不定冠詞は ein の形を用います）

r Tempel	**s iPhone** ［アイフォーン］
e Burg	**e Kamera** ［カメラ］
s Kaufhaus	**s Notebook** ［ノウトブック］
e Kirche	**r Kopfhörer*** ［コプフヒェーラー］

　　　　* pfは，上歯で下唇をかみ，［プフ］と勢いよく
　　　　息を破裂させて発音します。

先生が絵を指し，Was ist das? と尋ねますので，前ページ下の《単語帳》を
参考にしながら，Das ist … と答えましょう．

Lektion 2

✪ Ist das Notebook gut?

✪ Ja, das Notebook ist sehr gut.

ネイティヴは

✪ Ist das Notebook gut?
✪ Ja, sehr gut.

✪ Ist die Kamera aus Japan?

✪ Ja, die Kamera ist aus Japan.

ネイティヴは

✪ Ist die Kamera aus Japan?
✪ Ja.

◆上の例のNotebook / gutおよびKamera / aus Japanを，次の語句に代えて，役割
練習をしましょう．（rの場合はderを，eの場合はdieを，sの場合はdasを付け
ます）

(1) r　Kopfhörer → gut

(2) s　iPhone → gut

(3) s　Wörterbuch → gut

(4) e　Brille → aus Deutschland

(5) e　Tasse → aus Deutschland

(6) r　Bierkrug → aus Deutschland

☼ **Ist das eine Kaffeetasse?**

☼ Nein, das ist keine Kaffeetasse, das ist eine Teetasse.

上の例のKaffeetasse／Teetasseを次の単語に代えて，役割練習をしましょう． **22**
（**r**の場合はkeinを，**e**の場合はkeineを，**s**の場合はkeinを付けます）

(1) s Bierglas → s Weinglas

(2) r Kugelschreiber → r Druckbleistift

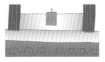

(3) e Bibliothek → e Aula

(4) s Opernhaus → r Konzertsaal

(5) s Schloss → e Burg

文 法

POINT ☆ Dialog のポイントは**冠詞の形**です.

まず,冠詞の形が名詞によって異なっていることを確認してください.

不定冠詞

| **ein** | Bierkrug | ビールジョッキ |
| **eine** | Teetasse | ティーカップ |

定冠詞

| **das** | Notebook | ノートパソコン |
| **die** | Kamera | カメラ |

1

名詞には「文法上の性」があり,それに応じて,冠詞の形が異なります.
冠詞がder/einになるものを**男性名詞**,冠詞がdie/eineになるものを**女性名詞**,
冠詞がdas/einになるものを**中性名詞**と呼びます.

| Bierkrug
ビールジョッキ | → | **der**
ein | Bierkrug
Bierkrug |
| Tempel
寺院 | → | **der**
ein | Tempel
Tempel |

→ 男性名詞

| Teetasse
ティーカップ | → | **die**
eine | Teetasse
Teetasse |
| Kamera
カメラ | → | **die**
eine | Kamera
Kamera |

→ 女性名詞

| iPhone
アイフォーン | → | **das**
ein | iPhone
iPhone |
| Kaufhaus
デパート | → | **das**
ein | Kaufhaus
Kaufhaus |

→ 中性名詞

2

名詞の前に付けるkein/keineは,英語の,*No problem!* とか言う場合の *no*
に当たります.**否定冠詞**と呼びます.男性名詞の前ではkein,女性名詞の前
ではkeine,中性名詞の前ではkeinになります.

男性名詞	**kein**	Bierkrug	ビールジョッキ…ない
女性名詞	**keine**	Kaffeetasse	コーヒーカップ…ない
中性名詞	**kein**	Weinglas	ワイングラス…ない

数字を使ってみよう！

(23)

0 null

───────────────── sを付けません

1 eins	11 elf	21 **ein**undzwanzig
2 zwei	12 zwölf	22 zweiundzwanzig
3 drei	13 dreizehn	...
4 vier	14 vierzehn	30 drei**ß**ig
5 fünf	15 fünfzehn	40 vierzig
6 sechs	16 sech**zehn**	50 fünfzig
7 sieben	17 sieb**zehn**	60 sech**zig**
8 acht	18 achtzehn	70 sieb**zig**
9 neun	19 neunzehn	80 achtzig
10 zehn	20 zwanzig	90 neunzig

└─ sを付けません

(24) Dialog

☆ **Wie ist deine Telefonnummer?**

☆ 03-3239-0271*.

*読むのは一桁ずつでも，二桁ずつでもよいです．
ただし，03 は null drei，02 は null zwei です．

◆上の例にならい，クラスメートの電話番号を尋ねてみましょう．

BUMM! ◆たとえば4の倍数（④ ⑧ ⑫ ⑯ …）の代わりにBumm! と言う遊びです．

Eins. Zwei. Drei. **BUMM!** Fünf. Sechs.

Ich kaufe einen Kopfhörer.
~名詞の形2（4格）~

25　Dialog 1

☆ **Ich kaufe einen Kopfhörer.**
Und du?
Was kaufst du?

　☆ Ich kaufe ein iPhone.

ネイティヴは

　☆ **Ich kaufe einen Kopfhörer.**
Und du?
　☆ **Ein iPhone.**

◆上の例の Kopfhörer を次の単語に代えて，役割練習をしましょう.
なお，iPhoneの代わりには好きなものを選びなさい.
（**r** の場合は einen を，**e** の場合は eine を，**s** の場合は ein を付けます）

26

(1) s Fahrrad　　　**(2) r Fernseher**　　　**(3) e Uhr**

(4) s Motorrad　　　**(5) e Kamera**　　　**(6) s Notebook**

(7) s Wörterbuch

☻ **Ich habe* keinen Computer.
Hast* du einen Computer?**

☻ Nein, ich habe auch keinen
Computer.

ネイティヴは

☻ **Ich habe keinen Computer.
Hast du einen**?**
☻ **Nein, ich habe auch keinen**.**

* habenの人称変化は47頁を参照。

** 不定冠詞やkeinの後ろの名詞は省略することができます．
ただし，中性名詞の場合はeins，keinsにします．

◆上の例のComputerを次の単語に代えて，役割練習をしましょう．
（rの場合はkeinenを，eの場合はkeineを，sの場合はkeinを付けます）

(1) s Notebook   (2) r Kopfhörer   (3) s iPhone
(4) r Fernseher   (5) s Fahrrad   (6) s Motorrad
(7) e Kamera   (8) e Waschmaschine   (9) r Staubsauger

☻ **Warum kaufst du den
Computer nicht*?**

☻ Er** ist zu teuer.

* nicht「…ない（英not）」については予習用学生教材；
文法補足を参照。

** 名詞を受ける時，rの場合はerを，
eの場合はsieを，sの場合はesを用います。

ネイティヴは

☻ **Warum kaufst du den Computer nicht?**
☻ **Zu teuer.**

◆上の例のComputerを次の単語に代えて，役割練習をしましょう．
（rの場合はdenを，eの場合はdieを，sの場合はdasを付けます）

(1) r Kopfhörer   (2) r Fernseher   (3) r Pullover
(4) e Brille   (5) e Uhr   (6) s iPhone
(7) s Auto   (8) s Motorrad   (9) e Kamera

文　法

 POINT ☆ Dialog のポイントは，**冠詞の文中での形**です.
冠詞が第2課で学んだ形と一部異なっていることを確認して下さい.

第2課で学んだ形

たとえば
男性名詞 { → **ein** → Ich kaufe *einen* Kopfhörer.
　　　　　 → **kein** → Ich habe noch *keinen* Computer.
　　　　　 → **der** → Warum kaufst du *den* Computer nicht?

1
冠詞は，文中での役割（主語か目的語かなど）に応じて原則的に形を変えます.
この，文中での役割を**格**と呼びます.
格には，1格，2格，3格，4格の4種類があり，それぞれ日本語の格助詞
「…は／が」「…の」「…に」「…を」に対応します.

> **1 格**＝「…は／が」　**2 格**＝「…の」
> **3 格**＝「…に」　　　 **4 格**＝「…を」

第2課で学んだ形が1格で，2格と3格は38ページで学びます.
ここで学ぶのが**4格**です.「…を」と訳せることを確認しましょう.

> Ich kaufe *einen* Kopfhörer.　　　私はヘッドフォンを買います.
> Ich habe noch *keinen* Computer.　私はまだコンピュータを持っていません.
> Ich kaufe *den* Computer nicht.　　私はそのコンピュータを買いません.

2
冠詞の1格と4格の形（ただし，形が異なるのは，男性名詞の場合のみです）

	男性名詞	女性名詞	中性名詞
1 格 …は／が	der ein　　Computer kein	die eine　Kamera keine	das ein　iPhone kein
2 格 …の 3 格 …に	*38 ページを参照*		
4 格 …を	**den** **einen** Computer **keinen**	die eine　Kamera keine	das ein　iPhone kein

注文をしてみよう！

✪ **Ja, bitte? Was möchten Sie?**

✪ Ein Schinkenbrot und ein
   Bier, bitte.
   Was macht das?

✪ **Sechs Euro und sechzig Cent.**

 ◆隣のクラスメートに好きなものを注文してもらいましょう.

Speisen und Getränke

Tagessuppe		€ 3,70
Wurstbrot		€ 3,40
Schinkenbrot		€ 4,30
1 Paar Bratwürste		€ 5,20
mit Sauerkraut und Bauernbrot		
Wiener Schnitzel		€ 14,60
mit Pommes frites und Salat		
Kaffee		€ 2,00
Tee		€ 2,00
Mineralwasser	0,3 l	€ 1,80
Orangen- oder Apfelsaft	0,2 l	€ 1,80
Pils	0,2 l	€ 2,30
Export	0,4 l	€ 2,70
Radler	0,2 l	€ 1,50
Weißwein	0,25 l	€ 3,90
Rotwein	0,25 l	€ 3,90

Lektion 4
Das ist mein iPhone.
~名詞に付けて用いる語（所有冠詞など）~

30 Dialog 1a

☺ **Ist das dein iPhone?**
　　☺ Ja, das ist mein iPhone.

ネイティヴは
☺ Ist das dein iPhone?
☺ Ja, das ist meins*.

* 名詞を省略する時，**r** の場合は meiner に，
e の場合は meine に，**s** の場合は meins にします.

31 Dialog 1b

☺ **Ist das deine Kamera?**
　☺ Ja, das ist meine Kamera.

ネイティヴは
☺ Ist das deine Kamera?
☺ Ja, das ist meine.

◆ 上の例の iPhone/Kamera を次の単語に代えて，役割練習をしましょう.
　（**r** の場合は mein/dein に，**e** の場合は meine/deine に，**s** の場合は mein/dein
　にします）

(1) s Wörterbuch　　　　**(2)** r Kopfhörer

(3) s Fahrrad　　　　　　**(4)** s Motorrad

(5) s Auto　　　　　　　**(6)** r Bleistift

(7) r Kugelschreiber

☼ **Was suchst du?**

☼ Ich suche meinen Schlüssel.
Mein Schlüssel ist weg.

 ネイティヴは

☼ Was suchst du?
☼ **Meinen Schlüssel. Er* ist weg.**

* 名詞を受ける時，**r** の場合は er を，**e** の場合は sie を，**s** の場合は es を用います．

上の例にならい，隣のクラスメートに何を探しているのか尋ねてみましょう．
クラスメートは下の単語を用いて答えます．
（**r** の場合は meinen に，**e** の場合は meine に，**s** の場合は mein にします）

(1) s **iPhone**　　　　　　(2) e **Uhr**

(3) s **Wörterbuch**　　　(4) s **Portmonnaie**

(5) r **Bleistift**　　　　　(6) r **Kugelschreiber**

(7) s **Heft**

☼ **Welcher Wein ist aus Deutschland?**

☼ Dieser Wein ist aus Deutschland.

 ネイティヴは

☼ Welcher Wein ist aus Deutschland?
☼ Dieser* hier.

* dieser/diese/dieses の後ろの名詞は省略することができます．
なお，hier は後ろに置いて，「ここの（これ）」．

上の例の Wein/Deutschland を次の単語に代えて，役割練習をしましょう．
（**r** の場合は welcher/dieser に，**e** の場合は welche/diese に，
s の場合は welches/dieses にします）

(1) r **Wein/Frankreich**　　(2) s **Bier/Deutschland**

(3) s **Auto/Italien**　　　　(4) e **Tasche/Frankreich**

(5) e **Kamera/Japan**　　　(6) r **Computer/China**

Lektion 4

✪ **Welchen Wein kaufst du?**

    ✪ Hm, ich kaufe diesen Wein.

ネイティヴは   ✪ **Welchen Wein kaufst du?**

        ✪ **Hm, den hier*.**

* 定冠詞の後ろの名詞は省略することができます．なお，hierは後ろに置いて，「ここの（これ）」.

◆上の例のWeinを次の単語に代えて，役割練習をしましょう.　(35)

    （**r**の場合はwelchen/diesenに，**e**の場合はwelche/dieseに，

    sの場合は welches/diesesにします）

(1) r Fernseher   **(2) s Fahrrad**   **(3) r Kopfhörer**

(4) e Tasche   **(5) s iPhone**   **(6) e Uhr**

(7) s Wörterbuch   **(8) s Portmonnaie**   **(9) r Computer**

(10) r Kugelschreiber

文 法

POINT ☆ Dialog 1, 2 のポイントは **mein**「私の」，**dein**「君の」（英語の *my*, *your*）などです．
これらの語も，名詞の性・格に応じて，形を変えることを確認してください．

mein	iPhone	私のアイフォーン	← **中性名詞 1 格**
dein	iPhone	君のアイフォーン	
meine	Kamera	私のカメラ	← **女性名詞 1 格**
deine	Kamera	君のカメラ	
mein	Schlüssel	私の鍵が	← **男性名詞 1 格**
meinen	Schlüssel	私の鍵を	← **男性名詞 4 格**

1

mein, deinなどの語を**所有冠詞**と呼びます．所有冠詞には次のようなものがあります．

人 称		単 数			複 数		
1人称		**mein**	私の	(*my*)	**unser**	私たちの	(*our*)
2人称	親称	**dein**	君の	(*your*)	**euer**	君たちの	(*your*)
	敬称	**Ihr***	あなたの	(*your*)	**Ihr**	あなた方の	(*your*)
3人称		**sein**	彼の	(*his*)	**ihr**	彼らの / 彼女らの / それらの	(*their*)
		ihr	彼女の	(*her*)			
		sein	それの	(*its*)			

💬 2人称敬称Ihrは，人称代名詞の場合と同様に，文中でも語頭を大文字で書きます．

2

所有冠詞は，単数では不定冠詞と全く同じ変化をします
（語頭のmをとってみましょう）．

★**mein**「私の」

	男 性		女 性		中 性	
1 格	**mein**	Schlüssel	**meine**	Kamera	**mein**	iPhone
2 格	—		—		—	
3 格	—		—		—	
4 格	**meinen**	Schlüssel	**meine**	Kamera	**mein**	iPhone

Lekton 4

文 法

POINT ☆ Dialog 3 と 4 のポイントは **dieser**「この…」(＝英 *this*)，**welcher**「どの…」(＝英 *which*) などの語です.

これらの語も，名詞の性・格に応じて，形を変えることを確認してください.

welcher	Wein	←	**男性1格**	→	「どのワインが…」
welchen	Wein	←	**男性4格**	→	「どのワインを…」
dieser	Wein	←	**男性1格**	→	「このワインは…」
diesen	Wein	←	**男性4格**	→	「このワインを…」

3

dieser (英 this)「この…」，welcher (英 which)「どの…」，jeder「どの…も」は，定冠詞に準じた格変化をします.

★dieser

	男 性	女 性	中 性
1格	dieser Wein	diese Uhr	dieses iPhone
2格	—	—	—
3格	—	—	—
4格	diesen Wein	diese Uhr	dieses iPhone

★welcher

	男 性	女 性	中 性
1格	welcher Wein	welche Uhr	welches iPhone
2格	—	—	—
3格	—	—	—
4格	welchen Wein	welche Uhr	welches iPhone

趣味を尋ねてみよう！

36 Dialog

☆ **Mein Hobby ist Tennisspielen.**
Was ist dein Hobby?

☆ Mein Hobby ist Fußballspielen.

ネイティヴは

☆ **Mein Hobby ist Tennisspielen.**
Was ist dein Hobby?
☆ **Fußballspielen.**

上の例のTennisspielen/Fußballspielenを次の語句と代えて，
役割練習をしましょう.

(1) **Kochen/Essen**　　　　　　(2) **Reisen/Schwimmen**

(3) **Autofahren/Fahrradfahren**　(4) **Deutschlernen/Gartenarbeit**

(5) **Baseball***/**Basketball**

*［ベースボール］

クラスメートに趣味を尋ねてみましょう. 尋ねられた人は，
下の語彙集の単語も利用しながら答えましょう.

(1) **Singen**　　　　　歌うこと

(2) **Tanzen**　　　　　ダンス

(3) **Skifahren**　　　　スキー

(4) **Fotografieren**　　写真をとること

(5) **Lesen**　　　　　　読書

(6) **Musik**　　　　　　音楽

(7) **Golfspiel**　　　　ゴルフ

(8) **Schachspiel**　　　チェス

(9) **Kartenspiel**　　　トランプ

(10) **Karaoke***　　　　カラオケ

(11) **Bowling****　　　ボーリング　　*［カラ**オ**ーケ］**［ボ**ー**リング］

Lektion 5

Ich kaufe drei Äpfel.
～二つ以上のものを表す表現（複数形）～

---

37 Dialog 1

☆ **Kaufen Sie einen Apfel*
oder zwei Äpfel?**

☆ Nein, ich kaufe drei Äpfel.

ネイティヴは

☆ Kaufen Sie einen Apfel
oder zwei Äpfel?
☆ Nein, drei Äpfel.

上の例の Apfel／Äpfel を次の単語に代え，役割練習をしましょう． **38**

(1) e Tomate/Tomaten　　　　(2) s Ei/Eier

(3) s Brötchen/Brötchen　　　(4) e Brezel/Brezeln

(5) e Pizza/Pizzas　　　　　　(6) r Joghurt/Joghurts

☼ **Ich esse eine Brezel.**
Wie viele Brezeln essen Sie?

☼ Ich esse zwei Brezeln.

ネイティヴは

☼ **Ich esse eine Brezel.**
Wie viele essen Sie?
☼ **Zwei*.**

*数詞の後でも名詞を省略することができます.

 上の例のBrezel/Brezelnを次の単語に代え，役割練習をしましょう. 40

(1) r Apfel/Äpfel

(2) e Apfelsine/Apfelsinen

(3) e Birne/Birnen

(4) s Brötchen/Brötchen

(5) e Pizza/Pizzas

(6) r Joghurt/Joghurts

☼ **Wie heißt der Plural von „das Ei"?**
☼ Die Eier.

 上の例のdas Ei/die Eierを次の単語に代え，役割練習をしましょう.
定冠詞は常にdieになります.

(1) der Freund (Freunde)　　**(2) der Apfel (Äpfel)**

(3) die Banane (Bananen)　　**(4) die Katze (Katzen)**

(5) das Buch (Bücher)　　**(6) das Auto (Autos)**

文 法

POINT ☆ Dialog のポイントは **複数形** です.

一つのものを表わす場合と二つ以上のものを表す場合とで,
名詞の形が異なっていることを確認してください.

Ich kaufe einen	Apfel.	私はリンゴを一つ買います.
	zwei	**Äpfel.**	私はリンゴを二つ買います.
Ich esse eine	Brezel.	私はブレーツェルを一つ食べます.
	zwei	**Brezeln.**	私はブレーツェルを二つ食べます.

1

複数のものを表す場合, **複数形** を用います. 複数形には, 次の 5 つの
タイプがあります. 一部, ウムラウトすることがあるので注意.

イ	**ゼロ語尾式**	Computer	→	Computer	コンピュータ
		Apfel	→	Äpfel	リンゴ
ロ	**e 式**	Freund	→	Freunde	友人
		Ball	→	Bälle	ボール
ハ	**er 式**	Kind	→	Kinder	子供
		Buch	→	Bücher	本
ニ	**en/n 式**	Katze	→	Katzen	猫
		Uhr	→	Uhren	時計
ホ	**s 式**	Auto	→	Autos	自動車
		Pizza	→	Pizzas	ピザ

2

定冠詞は, 文法上の性に関係なく同一の形 **die** を用います.
また, 1 格 4 格も同形になります.

単数	1 格	*der Apfel* リンゴ	*die Katze* ネコ	*das Buch* 本
複数	1 格	**die** Äpfel	**die** Katzen	**die** Bücher
	2 格	38 ページを参照		
	3 格			
	4 格	**die** Äpfel	**die** Katzen	**die** Bücher

実践

「いくつ？」と尋ねてみよう！

Dialog 1

☻ **Wie viele Stunden lernst du jeden Tag* Deutsch?**

*＝毎日

☻ Ich lerne jeden Tag zwei Stunden Deutsch.

◈ クラスメートに何時間ドイツ語を勉強するか尋ねてみましょう.

| 例 | **eine Stunde** | 1時間 | まったく勉強しない場合には |
| | **drei Stunden** | 3時間 | Ich lerne gar nicht Deutsch. と答えましょう. |

Dialog 2

☻ **Wie viele Stunden jobbst du in der Woche?**

☻ Ich jobbe in der Woche sechs Stunden.

◈ クラスメートに何時間バイトをしているか尋ねてみましょう.

| 例 | **vier Stunden** | 4時間 | まったくバイトをしていない場合には |
| | **sieben Stunden** | 7時間 | Ich jobbe gar nicht. と答えましょう. |

●●●● 一口メモ【指による数え方】 ●●●●

ドイツ人は指で数を数えるとき，まず手を握り，それから親指から手を広げて1，人差し指を広げて2，中指を広げて3，薬指を広げて4，最後に小指をのばして5と数えます．6から10までは，もう一方の手ではじめと同じようにして数えます．

$\mathcal{L}ektion\,6$

Ich schenke meinem Freund einen Schal.

～名詞の形3（2格と3格），人称代名詞～

  Dialog 1 （3格）

☻ **Was schenkst du deinem Freund zum Geburtstag?**

☻ Ich schenke meinem Freund einen Schal.

ネイティヴは

☻ Was schenkst du deinem Freund zum Geburtstag?
☻ Einen Schal.

◆上の例のFreund/Schalを次の単語に代えて，役割練習をしましょう.

(1) e Freundin/s Wörterbuch
(2) e Mutter/e Uhr
(3) r Vater/e Krawatte
(4) e Tochter/e Tasche
(5) r Sohn/s Fahrrad
(6) e Großmutter/e Brille
(7) r Großvater/s iPhone

  Dialog 2 （2格）

☻ **Ist das Ihre Telefonnummer?**

☻ Nein, das ist die Telefonnummer meines Freundes.

ネイティヴは

☻ Ist das Ihre Telefonnummer?
☻ Nein, das ist die* meines Freundes.

*定冠詞の後ろの名詞は省略することができます.

◆上の例のIhre/meines Freundesを次の単語に代えて，役割練習をしましょう.

(1) dein/meine Freundin
(2) Ihr/mein Büro
(3) Ihr/mein Institut
(4) sein/sein Bruder
(5) sein/seine Schwester
(6) ihr/ihr Bruder
(7) ihr/ihre Schwester

Lektion 6

✪ **Was schenkst du deinem Freund zum Geburtstag?**

> ✪ Ich schenke ihm eine Krawatte. Ich liebe ihn sehr.

ネイティヴは
✪ Was schenkst du deinem Freund zum Geburtstag?
✪ Eine Krawatte. Ich liebe ihn sehr.

✪ **Was schenkst du deiner Freundin zum Geburtstag?**

> ✪ Ich schenke ihr einen Ring. Ich liebe sie sehr.

ネイティヴは
✪ Was schenkst du deiner Freundin zum Geburtstag?
✪ Einen Ring. Ich liebe sie sehr.

 上の例のKrawatte/Ringを次の単語に代えて，役割練習をしましょう． **48**

(1) s Taschentuch

(2) s Hemd

(3) s iPhone

(4) e Krawatte

(5) r Füller

(6) r Schal

(7) e Uhr

(8) e Tasche

(9) s Portmonnaie

文 法

 ☆ Dialog の一つのポイントは**名詞の3格と2格**です.

「…に」,「…の」と言う場合,名詞句の形が異なっていることを確認してください.

「君のボーイフレンドに」	⟷	dein**em**	Freund
「私のボーイフレンドに」	⟷	mein**em**	Freund
「私のボーイフレンドの」	⟷	mein**es**	Freund**es**

（後置されていることにも注意！）

☆ そして,もう一つのポイントは**人称代名詞の形**です.

「彼に」「彼を」／「彼女に」「彼女を」という場合,
それぞれが異なる形になっていることを確認してください.

| 「彼に」 | ⟷ | ihm | 「彼を」 | ⟷ | ihn |
| 「彼女に」 | ⟷ | ihr | 「彼女を」 | ⟷ | sie |

今まで1格と4格を扱ってきましたが（24ページと34ページを参照）,
ここでは3格と2格も含め,格全体について説明をします.

1

格は,文中での名詞句の役割（主語とか目的語とか）を示すもので,
1格,2格,3格,4格の4つがあります.
1格は日本語の格助詞「…が（…は）」に,2格は「…の」に,
3格は「…に」に,4格は「…を」に対応します.
それぞれの具体例を示します.

1格	**Der** Lehrer trinkt gern Bier.	先生はビールを飲むのが好きです.
2格	Da steht das Auto **des** Lehrers.	そこに先生の自動車があります.
3格	Wir danken **dem** Lehrer.	私たちは先生に感謝します.
4格	Wir besuchen **den** Lehrer.	私たちは先生を訪問します.

💬 2格の名詞は修飾する語の後ろに置きます.

2

冠詞の仲間は，
単数形の場合，名詞の文法上の性に基づいて異なる格変化をします．
複数形の場合，文法上の性に基づく区別もなく，それらは同一の格変化をします．

名詞は，
単数形の場合，男性と中性に限って２格で格語尾 -s あるいは -es を付けます．
-s と -es は，大雑把に言うと，１音節（母音が１つ）の場合は -es，
２音節以上（母音が２つ以上）の場合は -s というように使い分けます．
複数形の場合，３格で格語尾 -n を付けます．
ただし，複数１格形がすでに -n/-s で終わっているときには何も付けません．

★不定冠詞

複数形が
ありません

	男 性 先生	女 性 猫	中 性 本
１格	ein Lehrer	eine Katze	ein Buch
２格	eines Lehrers	einer Katze	eines Buches
３格	einem Lehrer	einer Katze	einem Buch
４格	einen Lehrer	eine Katze	ein Buch

💬 -s あるいは -es を付ける

★所有冠詞

29 ページ
を参照

単数		男 性	女 性	中 性
	１格	mein Lehrer	meine Katze	mein Buch
	２格	meines Lehrers	meiner Katze	meines Buches
	３格	meinem Lehrer	meiner Katze	meinem Buch
	４格	meinen Lehrer	meine Katze	mein Buch

複数		
	１格	meine Lehrer ／ Katzen ／ Bücher
	２格	meiner Lehrer ／ Katzen ／ Bücher
	３格	meinen Lehrern ／ Katzen ／ Büchern
	４格	meine Lehrer ／ Katzen ／ Bücher

文 法

★定冠詞

		1格	der Lehrer	die Katze	das Buch
単数		2格	des Lehrers	der Katze	des Buches
		3格	dem Lehrer	der Katze	dem Buch
		4格	den Lehrer	die Katze	das Buch

		1格	die	Lehrer ／ Katzen ／ Bücher
複数		2格	der	Lehrer ／ Katzen ／ Bücher
		3格	den	Lehrern ／ Katzen ／ Büchern
		4格	die	Lehrer ／ Katzen ／ Bücher

★ **dieser**

> **welcher, jeder** 〈単数のみ〉も同一の変化をします

		1格	dieser Lehrer	diese Uhr	dieses Buch
単数		2格	dieses Lehrers	dieser Uhr	dieses Buches
		3格	diesem Lehrer	dieser Uhr	diesem Buch
		4格	diesen Lehrer	diese Uhr	dieses Buch

		1格	diese	Lehrer ／ Katzen ／ Bücher
複数		2格	dieser	Lehrer ／ Katzen ／ Bücher
		3格	diesen	Lehrern ／ Katzen ／ Büchern
		4格	diese	Lehrer ／ Katzen ／ Bücher

3

人称代名詞を一覧表にすると，以下のようになります（2格形は省きます）.

	1人称		2人称 親称		2人称 敬称		3人称 単数			3人称 複数
	単数	複数	単数	複数	単数	複数		単数		複数
1格	ich	wir	du	ihr	Sie	Sie	er	sie	es	sie
3格	mir 私に	uns 私たちに	dir 君に	euch 君たちに	Ihnen あなたに	Ihnen あなたたちに	ihm 彼に	ihr 彼女に	ihm それに	ihnen 彼[女]らに それらに
4格	mich 私を	uns 私たちを	dich 君を	euch 君たちを	Sie あなたを	Sie あなたたちを	ihn 彼を	sie 彼女を	es それを	sie 彼[女]らを それらを

感想を尋ねてみよう！

49 Dialog 1

✪ **Wie schmeckt Ihnen die Suppe?**

　✪ Sie schmeckt hervorragend.

　上の例のSuppeを次の単語に代えて，役割練習をしましょう.
hervorragendも適当に言い換えましょう.

(1) r **Wein** (2) r **Weißwein** (3) r **Rotwein**
(4) s **Bier** (5) e **Wurst** (6) e **Pizza**
(7) e **Torte** (8) e **Brezel**

　　hervorragendのバリエーション

☐ **gut** よい ☐ **sehr gut** とてもよい
☐ **nicht gut** よくない ☐ **nicht schlecht** 悪くない

50 Dialog 2

✪ **Wie finden Sie diesen Anzug?**

　✪ Ich finde ihn sehr schick.

　上の例のdiesen Anzugとschickを次の単語に代えて，役割練習をしましょう.

(1) e **Krawatte** (2) s **Hemd** (3) r **Mantel**
(4) s **Kleid** (5) r **Pullover**

　　sehr schickのバリエーション

☐ **elegant** 優雅な ☐ **modern** モダンな
☐ **schön** 美しい ☐ **wunderschön** とても美しい
☐ **hübsch** かわいい ☐ **geschmacklos** 趣味の悪い
☐ **langweilig** 単調な

Lektion 7

Ich gehe in die Mensa.
～名詞と一緒に用いる語（前置詞）～

51 Dialog 1

☆ **Tag, Inge!**
　　☆ Tag, Peter!
☆ **Wohin gehst du?**
　　☆ Ich gehe in die Mensa.

ネイティヴは
　　☆ Tag, Inge!
　　　☆ Tag, Peter!
　　☆ Wohin gehst du?
　　　☆ In die Mensa.

◆上の例の in die Mensa を次の語句に代えて，役割練習をしましょう．
前置詞の後ろの格に注意しましょう（d__ は定冠詞を表します）．

(1) in d__ Bibliothek　　(2) in d__ Buchhandlung
(3) in d__ Karaoke-Box　(4) zu mein__ Freund
(5) zu mein__ Freunden　(6) zu Frank

52 Dialog 2

☆ **Wo esst ihr heute?**
☆ Wir essen heute in
der Mensa.

ネイティヴは
　　☆ Wo esst ihr heute?
　　☆ In der Mensa.

◆上の例の in der Mensa を次の語句に代えて，
役割練習をしましょう（d__ は定冠詞を表します）．

(1) in d__ Kantine　　(2) in ein__ Restaurant am Rhein
(3) in d__ Altstadt　　(4) in d__ Sushi-Bar am Marktplatz

Kommunikation

NEU

予習用教材

Susumu Zaima

ASAHI Verlag

1 2 格支配の前置詞
2 命令形
3 再帰代名詞, 再帰動詞
4 関係文
5 zu 不定詞句
6 接続法第 1 式
7 nicht の位置

Ⅰ. Dialog 訳と練習問題語彙

・Lektion 3 までの練習問題語彙にはカタカナ発音表記を付けました。

・他の課でも, 必要に応じてカタカナ発音表記を付けました。

・しかし, 是非, 自分で辞書を引く習慣を身に付けましょう。

Dialog 1

Guten Tag, Herr Müller!	こんにちは, ミュラーさん！
Guten Tag, Frau Schmidt!	こんにちは, シュミットさん！
Wie geht es Ihnen?	お元気ですか？
Danke, gut!	ありがとう, よいです.

Dialog 2

Hallo, Klaus!	こんにちは, クラウス！
Wie geht's?	元気？
Hallo, Anne!	こんにちは, アンネ！
Danke, gut.	ありがとう, 元気だよ！
Und dir?	それで, 君は？
Es geht.	まあまあよ.

Lektion 1

Dialog 1

Trinken Sie gern Kaffee?	コーヒーは好きですか？
Ja, ich trinke gern Kaffee.	はい, 私はコーヒーが好きです。

Trinken Sie gern Kaffee?	コーヒーは好きですか？
Ja.	はい.

==練習==

e Cola	/コーラ/	コーラ
r Kakao	/カカウ/	ココア
e Limonade	/リモナーデ/	レモネード
s Mineralwasser	/ミネラールヴァッサー/	水
r Saft	/ザフト/	ジュース
r Tee	/テー/	お茶

Dialog 2

Was trinkst du gern?	好きな飲み物は何ですか？
Ich trinke gern Tee.	好きな飲み物はお茶です.
Und du?	それであなたは？
Ich trinke gern Kaffee.	私はコーヒーです.

Was trinkst du gern?	好きな飲み物は？
Tee.	お茶です.
Und du ?	それであなたは？
Kaffee.	コーヒーです.

==練習==

r Apfelsaft	/アップフェルザフト/	リンゴジュース
e Cola	/コーラ/	コーラ
r Orangensaft	/オランジェンザフト/	オレンジジュース
e Limonade	/リモナーデ/	レモネード
s Mineralwasser	/ミネラールヴァッサー/	水
r Saft	/ザフト/	ジュース
r Tomatemsaft	/トマーテンザフト/	トマトジュース
r Traubensaft	/トラウベンザフト/	ブドウジュース

Dialog 3

Spielst du gern Tennis?	テニスは好きですか？
Ja, ich spiele gern Tennis. Und du?	はい，テニスは好きです．そしてあなたは？
Ich spiele auch gern Tennis.	私もテニスが好きです．

Spielst du gern Tennis?	テニスは好きですか？
Ja. Und du?	はい．そしてあなたは？
Ich auch.	私も．

==練習==

r Baseball	/ベースボール/	野球		r Federball	/フェーダーバル/	バドミントン
r Fußball	/フースバル/	サッカー		s Golf	/ゴルフ/	ゴルフ
r Tischtennis	/ティッシュテニス/	卓球				

==実践==

Dialog 1

Guten Tag, ich heiße Kohl.	こんにちは，コールといいます．
Guten Tag, Schmid.	こんにちは，シュミットです．

Dialog 2

Guten Tag, ich heiße Klaus Wolf.	こんにちは，クラウス・ヴォルフです．
Guten Tag, Herr Wolf.	こんにちは，ヴォルフさん。
Ich bin Saori Tanaka.	私はサオリ・タナカです．
Woher kommen Sie?	どこからいらしたのですか？
Kommen Sie aus China?	中国から来たのですか？
Nein, ich komme aus Japan.	いいえ，私は日本から来ました．

Dialog 3

Hallo, ich bin Klaus.	こんにちは，私はクラウスです．
Wie heißt du?	君の名前は何というのですか？
Tag, Klaus.	こんにちは，クラウス．
Ich bin Saori.	私はサオリです．
Woher kommst du?	どこから来たのですか？
Aus Japan.	日本からです．

Dialog 1

Was ist das?	それはなんですか？
Das ist ein Bierkrug.	これはビールジョッキです．
Was ist das?	それはなんですか？
Das ist eine Teetasse.	これはティーカップです．
Was ist das?	それはなんですか？
Das ist ein Weinglas.	これはワイングラスです．

ーーーーーーーー

Was ist das?	それはなんですか？
Ein Bierkrug.	ビールジョッキ．
Was ist das?	それはなんですか？
Eine Teetasse.	ティーカップ．
Was ist das?	それはなんですか？
Ein Weinglas.	ワイングラス．

==練習==

e Burg	/ブルク/	山城
s iPhone	/アイフォーン/	アイフォーン
e Kamera	/カメラ/	カメラ
s Kaufhaus	/カオフハオス/	デパート
e Kirche	/キルヒェ/	教会
r Kopfhörer	/コプフヒェーラー/	ヘッドフォン
s Notebook	/ノウトブック/	ノートパソコン
r Tempel	/テムペル/	寺院

Dialog 2a

Ist das Notebook gut?	そのノートパソコンはいいですか？
Ja, das Notebook ist sehr gut.	はい，このノートパソコンはとてもいいです．

ーーーーー

Ist das Notebook gut?	そのノートパソコンはいい？
Ja, sehr gut.	はい，とても．

Dialog 2b

Ist die Kamera aus Japan?	そのカメラは日本製ですか？
Ja, die Kamera ist aus Japan.	はい，このカメラは日本製です．

ーーーーー

Ist die Kamera aus Japan?	そのカメラは日本製ですか？
Ja.	はい．

==練習==

e Brille	/ブリレ/	メガネ

e Burg	/ブルク/	山城
s Deutschland	/ドイッチュラント/	ドイツ
s iPhone	/アイフォーン/	アイフォーン
e Kamera	/カメラ/	カメラ
s Kaufhaus	/カオフハオス/	デパート
e Kirche	/キルヒェ/	教会
r Kopfhörer	/コプフヘーラー/	ヘッドフォン
s Notebook	/ノウトブック/	ノートパソコン
r Kugelschreiber	/クーゲルシュライバー/	ボールペン
s Notebook	/ノウトブック/	ノートパソコン
r Rasierapparat	/ラズィーアアパラート/	電気かみそり
r Tempel	/テムペル/	寺院
s Wörterbuch	/ヴェルターブーフ/	辞書
aus	/アオス/	…から

Dialog 3

Ist das eine Kaffeetasse?	それはコーヒー用カップですか？
Nein, das ist keine Kaffeetasse,	いいえ，これはコーヒー用カップではなく，
das ist eine Teetasse.	これは紅茶用カップです．

==練習==

e Aula	/アオラ/	講堂
e Bibliothek	/ビブリオテーク/	図書館
s Bierglas	/ビーアグラース/	ビールグラス
e Burg	/ブルク/	山城
r Druckhbleistift	/ドルックブライシュティフト/	シャープペンシル
r Konzertsaal	/コンツェルトザール/	コンサートホール
r Kugelschreiber	/クーゲルシュライバー/	ボールペン
s Opernhaus	/オーパーンハオス/	オペラハウス
s Schloss	/シュロス/	城
s Weinglas	/ヴァイングラース/	ワイングラス

==実践==
Dialog

Wie ist deine Telefonnummer?	君の電話番号は何ですか？
03-3239-0271.	03-3239-0271 です．

Lektion 3

Dialog 1

Ich kaufe einen Kopfhörer.	私はヘッドフォンを買います．
Und du?	それで君は？
Was kaufst du?	君は何を買いますか？

Ich kaufe ein iPhone.		私はアイフォーンを買います.

— — — — — —

Ich kaufe einen Kopfhörer.		私はヘッドフォンを買います.
Und du?		それで, 君は？
Ein iPhone		アイフォーンです.

==練習==

s Fahrrad	/ファールラート/	自転車
r Fernseher	/フェルンゼーア/	テレビ
e Kamera	/カメラ/	カメラ
s Motorrad	/モートアラート/	モーターバイク
s Notebook	/ノウトブック/	ノートパソコン
e Uhr	/ウーア/	時計
s Wörterbuch	/ヴェルターブーフ/	辞書

Dialog 2

Ich habe keinen Computer.	私はコンピュータを持っていません.
Hast du einen Computer?	君はコンピュータを持っていますか？
Nein, ich habe auch keinen Computer.	いいえ, 私もコンピュータを持っていません.

— — — — — — —

Ich habe keinen Computer.	私はコンピュータを持っていません.
Hast du einen?	君は持っていますか？
Nein, ich habe auch keinen.	いいえ, 私も持っていません.

==練習==

s Fahrrad	/ファールラート/	自転車
r Fernseher	/フェルンゼーア/	テレビ
s iPhone	/アイフォーン/	アイフォーン
e Kamera	/カメラ/	カメラ
r Kopfhörer	/コプフヒェーラー/	ヘッドフォン
s Motorrad	/モートアラート/	モーターバイク
s Notebook	/ノウトブック/	ノートパソコン
r Staubsauger	/シュタオプザオガー/	掃除機
e Waschmaschine	/ヴァッシュマシーネ/	洗濯機

Dialog 3

Warum kaufst du den Computer nicht?	なぜ君はそのコンピュータを買わないのですか？
Er ist zu teuer.	それは高すぎます.

— — — — — — —

Warum kaufst du den Computer nicht?	なぜ君はそのコンピュータを買わないの？
Zu teuer.	高すぎるよ.

==練習==

s Auto	/アオトー/	自動車
e Brille	/ブリレ/	メガネ

r Fernseher	/フェルンゼーア/	テレビ
s iPhone	/アイフォッーン/	アイフォーン
e Kamera	/カメラ/	カメラ
r Kopfhörer	/コプフヘェーラー/	ヘッドフォン
s Motorrad	/モートアラート/	モーターバイク
r Pullover	/プローヴァー/	プルオーバー
e Uhr	/ウーア/	時計

==実践==
Dialog

Ja, bitte?	はい, どうぞ?
Was möchten Sie?	何にいたしましょうか?
Ein Schinkenbrot und ein Bier, bitte.	ハムサンドとビールを 1 杯, お願いします.
Was macht das?	おいくらですか?
Sechs Euro und sechzig Cent.	6 ユーロと 60 セントです.

《メニュー》

r Apfelsaft	/アプフェルザフト/	リンゴジュース
s Bauernbrot	/バオエルンブロート/	田舎風のライ麦パン
e Bratwurst	/ブラートヴルスト/	焼きソーセージ（複数形 Bratwürste）
s Export	/エクスポルト/	エクスポルト　（ビールの一種類）
s Getränk	/ゲトレンク/	飲み物
r Kaffee	/カフェ/	コーヒー
s Mineralwasser	/ミネラールヴァッサー/	ミネラルウォーター
r Orangensaft	/オランジェンザフト/	オレンジジュース
s Paar	/パール/	対　（ein Paar 一対の）
s Pils	/ピルス/	ピルス（ビールの一種類）
Pommes frites (複数形)	/ポムフリット/	フライドポテト
r Radler	/ラードラー/	ラードラー（レモネードを混ぜたビール）
r Rotwein	/ロートヴァイン/	赤ワイン
r Salat	/ザラート/	サラダ
s Sauerkraut	/ザオアークラオト/	ザウアクラウト（発酵させたキャベツ）
s Schinkenbrot	/シンケンブロート/	ハムパン
e Speise	/シュパイゼ/	食事
e Tagessuppe	/ターゲススッペ/	日替わりスープ
r Tee	/テェー/	お茶
s Wiener Schnitzel	/ヴィーナー シュニッツェル/	ウィーン風カツレツ
r Weißwein	/ヴァイスヴァイン/	白ワイン
s Wurstbrot	/ヴルストブロート/	ソーセージパン
mit	/ミット/	…と
oder	/オーダー/	あるいは
und	/ウント/	そして

Dialog 1a

Ist das dein iPhone?	それは君のアイフォーンですか？
Ja, das ist mein iPhone.	はい，これは私のアイフォーンです．

— — — — —

Ist das dein iPhone?	これは君のアイフォーンですか？
Ja, das ist meins.	はい，これは私のです．

Dialog 1b

Ist das deine Kamera?	それは君のカメラですか？
Ja, das ist meine Kamera.	はい，これは私のカメラです．

— — — — —

Ist das deine Kamera?	それは君のカメラですか？
Ja, das ist meine.	はい，これは私のです．

==練習==

s Auto	自動車	r Bleistift	鉛筆
s Fahrrad	自転車	r Kopfhörer	ヘッドフォン
r Kugelschreiber	ボールペン	s Motorrad	モーターバイク
s Wörterbuch	辞書		

Dialog 2

Was suchst du?	何を探しているのですか？
Ich suche meinen Schlüssel.	私の鍵を探しています．
Mein Schlüssel ist weg.	私の鍵が見つからないのです．

— — — — — — — —

Was suchst du?	何を探しているの？
Meinen Schlüssel.	私の鍵．
Er ist weg.	見つからないの．

==練習==

r Bleistift	鉛筆	s iPhone	アイフォーン
s Heft	ノート	r Kugelschreiber	ボールペン
s Portmonnaie	財布	e Uhr	時計
s Wörterbuch	辞書		

Dialog 3

Welcher Wein ist aus Deutschland?	どのワインがドイツ産ですか？
Dieser Wein ist aus Deutschland.	このワインがドイツ産です．

— — — —

Welcher Wein ist aus Deutschland?	どのワインがドイツ産ですか？
Dieser hier.	これです．

==練習==

s Auto	自動車	s Bier	ビール
r Computer	コンピュータ	e Kamera	カメラ
e Tasche	カバン	r Wein	ワイン

＜国名＞

China	/ヒーナ/	中国	Deutschland	/ドイッチュラント/	ドイツ
Frankreich	/フランクライヒ/	フランス	Italien	/イターリエン/	イタリア
Japan	/ヤーパン/	日本			

Dialog 4

Welchen Wein kaufst du?	どのワインを買うの？
Hm, ich kaufe diesen Wein.	ええと, このワインを買います.

— — — —

Welchen Wein kaufst du?	どのワインを買うの？
Hm, den hier.	ええと, これを.

==練習==

r Computer	コンピュータ	s Fahrrad	自転車
r Fernseher	テレビ	s iPhone	アイフォーン
r Kopfhörer	ヘッドフォン	r Kugelschreiber	ボールペン
s Portmonnaie	財布	e Tasche	カバン
e Uhr	時計	s Wörterbuch	辞書

==実践==

Dialog

Mein Hobby ist Tennisspielen.	私の趣味はテニスです.
Was ist dein Hobby?	あなたの趣味は何ですか？
Mein Hobby ist Fußballspielen.	私の趣味はサッカーです.

— — — — —

Mein Hobby ist Tennisspielen.	私の趣味はテニスです.
Was ist dein Hobby?	あなたの趣味は何ですか？
Fußballspielen.	サッカー.

==練習==

Autofahren	/アオトーファーレン/	ドライブ
Baseball	/ベースボール/	野球
Basketball	/バスケットバル/	バスケットボール
Deutschlernen	/ドイッチュレルネン/	ドイツ語学習
Essen	/エッセン/	食事
Fahrradfahren	/ファーラートファーレン/	自転車乗り
Gartenarbeit	/ガルテンアルバイト/	庭仕事
Kochen	/コッヘン/	料理
Reisen	/ライゼン/	旅行
Schwimmen	/シュヴィメン/	水泳

Dialog 1

Kaufen Sie einen Apfel oder zwei Äpfel?	リンゴは一つそれとも二つ買いますか？
Nein, ich kaufe drei Äpfel.	いいえ，三つ買います．

— — — — — —

Kaufen Sie einen Apfel oder zwei Äpfel?	リンゴは一つそれとも二つ買いますか？
Nein, drei Äpfel.	いいえ，三つ．

==練習==

e Brezel	/ブレーツェル/	ブレーツェル（8字型のパン）
s Brötchen	/ブレートヒェン/	小型パン
s Ei	/アイ/	タマゴ
r Joghurt	/ヨーグルト/	ヨーグルト
e Pizza	/ピッツァ/	ピザ
e Tomate	/トマーテ/	トマト

Dialog 2

Ich esse eine Brezel.	私はブレーツェルを一つ食べます．
Wie viele Brezeln essen Sie?	あなたはブレーツェルをいくつ食べますか？
Ich esse zwei Brezeln.	私はブレーツェルを二つ食べます．

— — — — —

Ich esse eine Brezel.	私はブレーツェルを一つ食べます．
Wie viele isst du?	あなたはいくつ食べますか？
Zwei.	二つ．

==練習==

r Apfel	リンゴ（複数形 Äpfel）	e Apfelsine	オレンジ
e Birne	洋ナシ	s Brötchen	小型パン
r Joghurt	ヨーグルト	e Pizza	ピザ

Dialog 3

Wie heißt der Plural von „das Ei"?	『das Ei』の複数形は何ですか？
Die Eier.	『die Eier』です．

==練習==

r Apfel	リンゴ	s Auto	自動車
e Banane	バナナ	s Buch	本
r Freund	友人	e Katze	ネコ

==実践==

Dialog 1

Wie viele Stunden lernst du jeden Tag Deutsch?	君は毎日何時間ドイツ語を学びますか？
Ich lerne jeden Tag zwei Stunden Deutsch.	私は毎日 2 時間ドイツ語を学びます．

Dialog 2

Wie viele Stunden jobbst du in der Woche?　週に何時間バイトをしますか？
Ich jobbe in der Woche sechs Stunden.　週に6時間バイトをします.

Lektion 6

Dialog 1

Was schenkst du deinem Freund zum Geburtstag?　君はボーイフレンドの誕生日に何を贈るの？
Ich schenke meinem Freund einen Schal.　私はボーイフレンドにマフラーを贈ります.
－－－－－

Was schenkst du deinem Freund zum Geburtstag?　君はボーイフレンドの誕生日に何を贈るの？
Einen Schal.　マフラー.

==練習==

e Brille	メガネ	s Fahrrad	自転車
e Freundin	ガールフレンド	e Großmutter	祖母
r Großvater	祖父	s iPhone	アイフォーン
e Krawatte	ネクタイ	e Mutter	母
r Sohn	息子	e Uhr	時計
e Tochter	娘	e Tasche	バッグ
r Vater	父	s Wörterbuch	辞書

Dialog 2

Ist das Ihre Telefonnummer?　これはあなたの電話番号ですか？
Nein, das ist die Telefonnummer　いいえ, それは私のボールフレンドの
meines Freundes.　電話番号です.
－－－－－

Ist das Ihre Telefonnummer?　これはあなたの電話番号ですか？
Nein, das ist die meines Freundes.　いいえ, 私のボーイフレンドのです.

==練習==

mein	私の	dein	君の
Ihr	あなたの	sein	彼の
ihr	彼女の		
r Bruder	/ブルーダー/	兄（あるいは弟）	
s Büro	/ビュロー/	オフィス	
e Freundin	/フロインディン/	女友達；ガールフレンド	
s Institut	/インスティトゥート/	研究所	
e Schwester	/シュヴェスター/	姉（あるいは妹）	

Dialog 3a

Was schenkst du deinem Freund zum Geburtstag?　君はボーイフレンドの誕生日に何を贈るの？
Ich schenke ihm eine Krawatte.　私は彼にネクタイを贈ります.
Ich liebe ihn sehr.　私は彼をとても愛しています.

－－－－

Was schenkst du deinem Freund zum Geburtstag? 君はボーイフレンドの誕生日に何を贈るの？
Eine Krawatte. ネクタイ．
Ich liebe ihn sehr. 私は彼をとても愛しています．

Dialog 3b
Was schenkst du deiner Freundin zum Geburtstag? 君はガールフレンドの誕生日に何を贈るの？
Ich schenke ihr einen Ring. 僕は彼女に指輪を贈ります．
Ich liebe sie sehr. 私は彼女をとても愛しています．
－－－－－－

Was schenkst du deiner Freundin zum Geburtstag? 君はガールフレンドの誕生日に何を贈るの？
Einen Ring. 指輪．
Ich liebe sie sehr. 私は彼女をとても愛しています．

==練習==

r Füller	万年筆	s Hemd	シャツ
s iPhone	アイフォーン	e Krawatte	ネクタイ
s Portmonnaie	財布	r Schal	マフラー
e Tasche	バッグ	s Taschentuch	ハンカチ
e Uhr	時計		

==実践==

Dialog 1
Wie schmeckt Ihnen die Suppe? このスープの味はいかがですか？
Sie schmeckt hervorragend. これはすばらしい味です．

==練習==

s Bier	/ビーア/	ビール
e Brezel	/ブレーツェル/	ブレーツェル
e Pizza	/ピッツァ/	ピザ
r Rotwein	/ロートヴァイン/	赤ワイン
e Torte	/トルテ/	タルト
r Wein	/ヴァイン/	ワイン
r Weißwein	/ヴァイスヴァイン/	白ワイン
e Wurst	/ヴルスト/	ソーセージ

Dialog 2
Wie finden Sie diesen Anzug? このスーツをどう思いますか？
Ich finde ihn sehr schick. とてもしゃれていると思います．

==練習==

s Hemd	シャツ	s Kleid	ワンピース
e Krawatte	ネクタイ	r Mantel	コート
r Pullover	プルオーバー		

Dialog 1

Tag, Inge!	やあ，インゲ！
Tag, Peter!	やあ，ペーター！
Wohin gehst du?	どこに行くの？
Ich gehe in die Mensa.	学食に行くの．

ーーーーーーーーー

Tag, Inge!	あ，インゲ！
Tag, Peter!	やあ，ペーター！
Wohin gehst du?	どこに行くの？
In die Mensa.	学食．

==練習==

e Bibliothek	図書館	e Buchhandlung	本屋
Frank	＜名前＞	r Freund	友人
e Karaoke-Box	カラオケボックス	in	…の中
zu	…に	mein	私の

Dialog 2

Wo esst ihr heute?	きょう君たちはどこで食べるの？
Wir essen heute in der Mensa.	私たちはきょう学食で食べるんだ．

ーーーーーーーー

Wo esst ihr heute?	きょう君たちはどこで食べるの？
In der Mensa.	学食だよ．

==練習==

e Altstadt	/アルトシュタット/	旧市街地
e Kantine	/カンティーネ/	社員食堂
r Marktplatz	/マルクトプラッツ/	市の立つ広場（am Marktplatz 市の立つ広場の側の）
s Restaurant	/レストラン/	レストラン
r Rhein	/ライン/	ライン川（am Rhein ライン川の側の）
e Sushi-Bar	/スーシ バー/	（小さな）すし屋

Dialog 3

Wie fährst du zur Uni?	大学はどうやって行くのですか？
Mit dem Bus?	バスで？
Nein, ich fahre mit der Straßenbahn.	いいえ，私は路面電車で行きます．

ーーーーーーーー

Wie fährst du zur Uni?	大学はどうやって行くの？
Mit dem Bus?	バスで？
Nein, mit der Straßenbahn.	いいえ，路面電車で．

==練習==

r Bus	バス	s Fahrrad	自転車

e Straßenbahn	路面電車	e U-Bahn	地下鉄
r Fuß	足（zu Fuß 歩いて）	mit	…を使って

Dialog 4

Für wen ist das Geschenk?	その贈り物は誰のためのものですか？
Es ist für meine Freundin.	それは私のガールフレンド用です．

ー ー ー ー ー

Für wen ist das Geschenk?	その贈り物は誰のためなの？
Für meine Freundin.	私のガールフレンドのため．

==練習==

r Bruder	兄（あるいは弟）	Eltern（複数形）	両親
r Freund	ボーイフレンド	e Mutter	母親
r Onkel	おじ	e Schwester	姉（あるいは妹）
e Tante	おば	r Vater	父親
dich	君を		

==実践==

Wie spät ist es jetzt?	今何時ですか？
Es ist neun Uhr.	9 時です．
Es ist Viertel nach neun.	9 時 15 分過ぎです．
Es ist neun Uhr fünfzehn.	9 時 15 分です．
Es ist zwanzig nach neun.	9 時 20 分過ぎです．
Es ist neun Uhr zwanzig.	9 時 20 分です．
Es ist halb zehn.	9 時半です．
Es ist neun Uhr dreißig.	9 時 30 分です．
Es ist Viertel vor zehn.	10 時 15 分前です．
Es ist neun Uhr fünfundvierzig.	9 時 45 分です．

Lektion 8

Dialog 1

Um wie viel Uhr gehst du ins Bett?	あなたは何時に寝ますか？
Ich gehe um elf Uhr ins Bett.	11 時に寝ます．
Und du ?	そして君は？
Ich gehe um halb eins ins Bett.	12 時半に寝ます．

ー ー ー ー ー ー

Um wie viel Uhr gehst du ins Bett?	あなたは何時に寝るの？
Um elf Uhr.	11 時．
Und du ?	そして君は？
Um halb eins.	12 時半．

Dialog 2

Um wie viel Uhr stehst du auf?	何時に起きますか？

Ich stehe um halb acht auf.	7時半に起きます.
Und du?	それで君は？
Ich stehe um 9 Uhr auf.	9 時に起きます.

— — — — — —

Um wie viel Uhr stehst du auf?	何時に起きるの？
Um halb acht.	7 時半.
Und du ?	それで君は？
Um 9.	9 時.

==練習==

um 6 Uhr	6 時に (sechs)		um 7 Uhr	7 時に (sieben)
um 8 Uhr	8 時に (acht)		um 9 Uhr	9 時に (neun)
um halb sieben	6 時半に		um halb acht	7 時半に
um halb neun	8 時半に		um zehn Uhr	10 時に

Dialog 3

Wie viele Stunden siehst du fern?	何時間テレビを見ますか？
Ich sehe ungefähr zwei Stunden fern.	約 2 時間テレビを見ます.

— — — — — —

Wie viele Stunden siehst du fern?	何時間テレビを見ますか？
Ungefähr zwei Stunden.	約 2 時間.

==実践==
Dialog

Was hast du am Wochenende vor?	週末に何を予定していますか？
Ich bleibe zu Hause und räume mein Zimmer auf.	
	私は家にいて，掃除をします.
Und du?	それであなたは？
Ich weiß noch nicht.	まだわかりません.

==実践==

Morgens wacht er um 6 Uhr auf und steht um 6 Uhr 15 auf.
　朝彼は 6 時に目を覚まし，6 時 15 分に起きます.

Um 7 Uhr zieht er seine Hose und sein Hemd an und frühstückt.
　7 時に彼はズボンとシャツを着て，食事をとります.

Um 8 Uhr 30 verlässt er die Wohnung und fährt zur Universität.
　8 時 30 分に彼は自宅を出て，大学に行きます.

Abends um 6 Uhr kommt er zurück.
　夕方 6 時に彼は戻ってきます。

Um 9 Uhr 55 geht er ins Bett und schläft um 10 Uhr 10 ein.
　9 時 55 分に彼はベッドに入り，10 時 10 分に眠りにつきます.

Dialog 1

Wir gehen heute Abend ins Kino.	私たちは今晩映画に行きます.
Möchtest du auch mitkommen?	君も一緒に来ないかい？
Ja, gerne.	はい，喜んで.
Aber wer kommt noch mit?	も他に誰が来るの？

==練習==

e Disko	/ディスコ/	ディスコ
s Konzert	/コンツェルト/	コンサート
s Theater	/テアーター/	芝居
s Uni-Fest	/ウーニフェスト/	大学祭
e Party	/パーティ/	パーティー
e Weinstube	/ヴァインシュトゥーベ/	ワイン酒場
in / ins	＜前置詞＞	
zu / zum	＜前置詞＞	

Dialog 2

Was willst du in den Ferien machen?	休暇中何をするつもりですか？
Ich will eine Reise machen.	旅行をするつもりです.

==練習==

s Deutsch	/ドイッチュ/	ドイツ語
s Deutschland	/ドイッチュラント/	ドイツ
Eltern（複数形）	/エルターン/	両親
r Führerschein	/フューラーシャイン/	運転免許書
den Führerschein machen 運転免許書をとる		
s Geld	/ゲルト/	お金
Kyoto		京都
fahren	/ファーレン/	（乗り物で）行く
fliegen	/フリーゲン/	（飛行機で）行く
jobben	/ジョベン/	バイトをする
lernen	/レルネン/	学ぶ
verdienen	/フェアディーネン/	稼ぐ
jeder	/イェーダー/	どの…も
jeden Tag 毎日		
mein	/マイン/	私の
nach	/ナーハ/	…へ
und	/ウント/	そして
zu	/ツー/	…のところに

Dialog 3

Was möchtest du werden?	あなたは何になりたいの？
Ich möchte Rechtsanwalt werden.	弁護士になりたいです.

16

Was möchtest du werden?	君は何になりたいの？
Ich möchte Rechtsanwältin werden.	弁護士になりたいです.

— — — — — —

Was möchtest du werden?	あなたは何になりたいの？
Rechtsanwalt.	弁護士.

Was möchtest du werden?	君は何になりたいの？
Rechtsanwältin.	弁護士.

==実践==
Dialog

Bei Berger.	ベルガーです.
Hier spricht Müller.	ミュラーです.
Kann ich Frau Berger sprechen?	奥さんはいらっしゃいますか？
Nein, sie ist leider nicht da.	いいえ, 残念ですが, おりません.
Danke, auf Wiederhören!	ありがとうございます, 失礼します.
Auf Wiederhören!	失礼します.

Lektion 10

Dialog 1

Hast du schon dein Referat geschrieben?	もうレポートを書きましたか？
Ja, ich habe mein Referat schon geschrieben.	はい, 私はもうレポートを書きました.

— — — — — —

Hast du schon dein Referat geschrieben?	もうレポートを書きましたか？
Ja.	はい.

==練習==

r Abend	/アーベント/	夕方
zu Abend essen 夕食を食べる		
Frank	/フランク/	＜名前＞
r Freund	/フロイント/	ボーイフレンド
e Freundin	/フロインディン/	ガールフレンド
s Geschenk	/ゲシェンク/	贈り物
Hausaufgaben	/ハオスアオフガーベン/	宿題
die Hausaufgaben machen 宿題をする		
r Job	/ジョップ/	仕事
s Wörterbuch	/ヴェルターブーフ/	辞書
anrufen	/アンルーフェン/	電話をかける
essen	/エッセン/	食べる
finden	/フィンデン/	見つける
kaufen	/カオフェン/	買う
dein	/ダイン/	君の
für	/フューア/	…のために

Dialog 2

Was haben Sie am Sonntag gemacht?	あなたは日曜日に何をしましたか？
Ich habe Tennis gespielt.	私はテニスをしました.
Ich habe auch Tennis gespielt!	私もテニスをしました！

――――――

Was haben Sie am Sonntag gemacht?	日曜日には何をしたの？
Ich habe Tennis gespielt.	テニスをしました.
Ich auch!	私も！

==練習==

s Deutsch	ドイツ語	r Einkauf	買い物
r Freund	友人	Einkäufe machen	買い物をする
r Fußball	サッカー	s Konzert	コンサート
besuchen	訪れる	fernsehen	テレビを見る
lernen	学ぶ	spielen	…をする
treffen	会う	zu Hause	家で

Dialog 3

Wohin ist Sabine gegangen?	ザビーネはどこに行きましたか？
Sie ist in die Mensa gegangen.	彼女は学食に行きました.

――――

Wohin ist Sabine gegangen?	ザビーネはどこに行ったの？
In die Mensa.	学食です.

==練習==

e Bibliothek	図書館	e Buchhandlung	本屋
e Freundin	ガールフレンド	s Kaufhaus	デパート
s Kino	映画館	e Post	郵便局
s Rockkonzert	ロックコンサート	nach Hause	家へ

Dialog 4

Ist Hans schon nach Hause gegangen?	ハンスはもう家に帰りましたか？
Ja, vor 10 Minuten.	はい, 10 分前に.

==練習==

s Kind	子ども	r Zug	列車
abfahren	出発する	ankommen	到着する
aufstehen	起きる	einschlafen	眠りにつく
nach Hause kommen	帰宅する	zur Uni fahren	大学に行く

==実践==

Dialog

Was hast du in den Ferien gemacht?	休暇中は何をしましたか？
Ich habe jeden Tag Deutsch gelernt.	私は毎日ドイツ語を学びました.
Und du?	そしてあなたは？

Ich bin mit einem Fahrrad durch Deutschland gereist. 私は自転車でドイツ中を旅しました.

==練習==

e Bibliothek	図書館	s England	イギリス
s Englisch	英語	s Fahrrad	自転車
s Japan	日本	r Onkel	おじ
s Österreich	オーストリア		
e Reise	旅行（eine Reise machen 旅行をする）		
r Supermarkt	スーパーマーケット	arbeiten	仕事をする
besuchen	訪れる	lernen	学ぶ
jobben	バイトをする	jeden Tag	毎日

【文法補足】
Dialog
Warum bist du gestern nicht gekommen? なんで君はきのう来なかったのですか?
Ich war krank, ich hatte Fieber und Kopfschmerzen. 私は病気でした，熱もあったし，頭痛もしました.

Lektion 11

Dialog 1
Hast du ein Wörterbuch? 君は辞書を持っていますか?
Ja, ich habe ein sehr gutes Wörterbuch. はい，とてもよい辞書を持っています.
―――――
Hast du ein Wörterbuch? 君は辞書を持ってるの?
Ja, ein sehr gutes. はい，とてもいいのを.

==練習==

s Fahrrad	自転車	r Fernseher	テレビ
r Freund	友人；ボーイフレンド	e Freundin	友人；ガールフレンド
e Kamera	カメラ	s Notebook	ノートパソコン
alt	古い	ganz	まったく
gut	よい	klein	小さい
nett	親切な	neu	新しい
sehr	とても		

Dialog 2
Was trinken Sie gern? 何を飲むのが好きですか?
Ich trinke gern heißen Tee. 私は熱いお茶を飲むのが好きです.
―――――
Was trinken Sie gerne? 何を飲むのが好きですか?
Heißen Tee. 熱いお茶.

== **練習** ==

s Bier	ビール	s Getränk	飲み物
r Kaffee	コーヒー	e Milch	ミルク
r Tee	お茶	r Wein	ワイン
alkoholfrei	ノンアルコールの	frisch	新鮮な
grün	緑の	kalt	冷たい
rot	赤い	stark	強い

Dialog 3

Mögen Sie diesen deutschen Wein?	このドイツワインは好きですか？
Ja, dieser deutsche Wein ist sehr gut.	はい，このドイツワインはとてもいいです。

――――

Mögen Sie diesen deutschen Wein?	このドイツのワインは好きですか？
Ja, er ist sehr gut.	はい，これはとてもいいです．

== **練習** ==

s Bier	ビール	s Brot	パン
r Tee	お茶	e Torte	タルト
e Wurst	ソーセージ	deutsch	ドイツの
japanisch	日本の		

== **実践** ==

Dialog 1

Wann ist Ihr Geburtstag?	あなたの誕生日はいつですか？
Der ist am siebzehnten März.	3 月の 17 日です。

Dialog 2

Den Wievielten haben wir heute?	きょうは何日ですか？
Heute haben wir den fünfzehnten August.	きょうは 8 月の 15 日です。
Der Wievielte ist heute?	きょうは何日ですか？
Heute ist der 15. August.	きょうは 8 月の 15 日です．
Welcher Tag ist heute?	きょうは何曜日ですか？
Heute ist Donnerstag.	きょうは木曜日です．

Lektion 12

Dialog 1

Wer ist fleißiger, Frank oder Werner?	フランクとヴェルナーのうち，誰の方が勤勉ですか？
Frank ist fleißiger als Werner.	フランクの方がヴェルナーより勤勉です．

――――

Wer ist fleißiger, Frank oder Werner?	フランクとヴェルナーのうち，誰の方が勤勉ですか？
Frank.	フランクです．

==練習==

alt	/アルト/	年をとった
begabt	/ベガープト/	才能のある
freundlich	/フロイントリヒ/	親切な
jung	/ユング/	若い
klug	/クルーク/	賢い
nett	/ネット/	親切な

Dialog 2

Ist Frank fleißiger als Werner? フランクはヴェルナーよりも勤勉ですか？
Ja, er ist am fleißigsten von uns. はい，彼は私たちの中で一番勤勉です。

==練習==

alt	年をとった	begabt	才能のある
faul	怠け者の	jung	若い
klug	賢い	nett	親切な

Dialog 3

Spielt Frank besser Tennis als die anderen? フランクは他の人よりもテニスが上手ですか？
Ja, er spielt von uns am besten Tennis. はい，彼は私たちの中でもっとも上手です。

==練習==

Baseball spielen	野球をする	Fußball spielen	サッカーをする
kochen	料理をする	schwimmen	水泳をする
tanzen	ダンスをする	Tischtennis spielen	卓球をする

Dialog 4

Dieses iPhone ist mir zu teuer. このアイフォーンは私には高過ぎます．
Leider haben wir kein billigeres iPhone. 残念ですが，これより安いものはありません．

==練習==

s Fahrrad	自転車	e Jacke	ジャケット
e Kamera	カメラ	r Mantel	コート
Schuhe（複数形）	靴	s Ticket	チケット
billig	安い	groß	大きい
klein	小さい	teuer	高い

==実践==
Dialog 1

Was trinkst du am liebsten? 飲み物は何が一番好きですか？
Ich trinke am liebsten Cola. 私がコーラを飲むのが一番好きです．
Und du? そして君は？
Ich trinke am liebsten Bier. 私はビールを飲むのが一番好きです．

==練習==

r Apfelsaft	リンゴジュース	s Bier	ビール
e Cola	コーラ	r Kaffee	コーヒー
r Radler	ラードラー	r Rotwein	赤ワイン
r Saft	ジュース	r Tee	お茶；紅茶
r Tomatensaft	トマトジュース	r Wein	ワイン
s Weizenbier	ヴァイツェンビール	r Weißwein	白ワイン

Dialog 2

Was isst du am liebsten?	食べ物は何が一番好きですか？
Hamburger.	ハンバーガーです．
Und du?	そして君は？
Steak.	ステーキです．

==練習==

e Currywurst	/ケリーヴルスト/	カレーソーセージ
r Forelle	/フォレレ/	マス
e Gulaschsuppe	/グーラッシュズッペ/	グーラシュスープ
s Hähnchen	/ヘーンヒェン/	ローストチキン
Maultaschen(複数形)	/マオルタッシェン/	マウルタッシェ(チーズと野菜などを詰めた一種の餃子)
e Pizza	/ピッツァ/	ピザ
e Püree	/ピュレー/	ピューレ
s Schnitzel	/シュニッツェル/	カツレツ
Spagetti(複数形)	/シュパゲッティー/	パゲッティ
s Sushi	/ズーシ/	すし
e Wurst	/ヴルスト/	ソーセージ

Lektion 13

Dialog 1

Wann wird das Geschäft geöffnet?	いつ店は開きますか？
Das Geschäft wird um 7 Uhr geöffnet.	店は7時に開きます．

————

Wann wird das Geschäft geöffnet?	いつ店は開きますか？
Um 7 Uhr.	7時です．

==練習==

s Geschäft	店	s Kaufhaus	デパート
s Museum	美術館	öffnen	開ける
schließen	閉める	wann	いつ
um ... Uhr	…時に	um wie viel Uhr	何時に

Dialog 2

Wann wurde dieser Tempel erbaut?	この寺院はいつ建てられたのですか？

Er wurde 607 erbaut.   これは 607 年に建てられました.

— — — —

Wann wurde dieser Tempel erbaut?   この寺院はいつ建てられたのですか？
Im Jahre 607.   607 年です.

==練習==

e Kirche	教会	s Museum	美術館
s Opernhaus	オペラハウス	r Schrein	神社
dieser	この		

Dialog 3

Wissen Sie, um wie viel Uhr der Kaufhof geöffnet wird?
   デパートは何時に開くか知っていますか？
Nein, ich weiß es nicht genau, aber ich glaube um 9 Uhr.
   いいえ，正確には知りませんが，9 時だと思います.

==練習==

s Kaufhaus	デパート	s Museum	美術館
r Zoo	動物園	öffnen	開ける
schließen	閉める	um ... Uhr	…時に

==実践==

Welche Sprache wird in Japan gesprochen?   日本ではどんな言語が話されますか？
In Japan wird Japanisch gesprochen.   日本では日本語が話されます.

==練習==

China	/ヒーナ/	中国
Chinesisch	/ヒネーズィッシュ/	中国語
Deutsch	/ドイッチュ/	ドイツ語
England	/エングラント/	英国
Englisch	/エングリッシュ/	英語
Frankreich	/フランクライヒ/	フランス
Französisch	/フランツェーズィッシュ/	フランス語
Italien	/イターリエン/	イタリア
Italienisch	/イタリエーニッシュ/	イタリア語
Südkorea	/ズードコレーア/	韓国
Koreanisch	/コレアーニッシュ/	韓国語
Österreich	/エーストライヒ/	オーストリア
Spanien	/シュパーニエン/	スペイン
Spanisch	/シュパーニッシュ/	スペイン語
die USA（複数形）	/ウーエスアー/	アメリカ合衆国

Dialog 1

Was würdest du machen, wenn du mehr Geld hättest?
もしもっとお金があったら，君は何をしますか？

Wenn ich mehr Geld hätte, würde ich nach Deutschland fliegen.
もしもっとお金があったら，私はドイツに行くでしょうね．

— — — —

Was würdest du machen, wenn du mehr Geld hättest?
もしもっとお金があったら，何をする？

Ich würde nach Deutschland fliegen.　ドイツに行くだろうな．

==練習==

e Deutschlandsreise	ドイツ旅行	s iPhone	アイフォーン
r Sportwagen	スポーツカー	e Weltreise	世界旅行
s Wörterbuch	辞書	kaufen	買う
machen	（旅行などを）する	dich	君を
euch	君たちを	alle	みんな
einladen	招待する	deutsch	ドイツ語の
neu	新しい	zu / zur	…に

Dialog 2

Was würdest du machen, wenn du mehr Zeit hättest?
もしもっと時間があったら，君は何をしますか？

Wenn ich mehr Zeit hätte, würde ich mehr Sport treiben.
もしもっと時間があったら，私はもっとスポーツをするでしょうね．

— — — — —

Was würdest du machen, wenn du mehr Zeit hättest?
もしもっと時間があったら，何をする？

Ich würde mehr Sport treiben.
私はもっとスポーツをするでしょうね．

==練習==

Bücher (複数形) ＜ s Buch　本		s Deutsch	ドイツ語
s Deutschland	ドイツ	e Freundin	ガールフレンド
s Geld	お金	s Zimmer	部屋
aufräumen	掃除する	jobben	バイトをする
kochen	料理をする	lernen	学ぶ
lesen	読む	reisen	旅行をする
sparen	貯める	mein	私の
mehr	より多くの	fleißiger	よりまじめに
noch	（比較級を強めて）さらに	für	…のために
nach	…へ	und	そして
jeden Tag	毎日		

24

==実践==

Dialog

Entschuldigen Sie, könnten Sie mir bitte helfen?　　すみません，手助けをお願いできませんか？

Ja, gerne!　　はい，喜んで。

==練習==

r Bahnhof	駅	r Euro	ユーロ
s Restaurant	レストラン	r Stift	鉛筆
e Universität	大学	empfehlen	推薦する
kommen	来る；行く	leihen	貸す
sagen	言う	mir	私に
Ihr	あなたの	gut	よい
bitte	どうぞ	hier	このあたりに
wo	どこ	wie	どのように
zum	＜前置詞＞	in der Nähe	近くに

Ⅱ. 練習問題 語彙一覧

A

r Abend	夕方
zu Abend essen	夕食を食べる
abfahren	出発する
acht	8
alkoholfrei	ノンアルコールの
e Altstadt	旧市街地
alle	みんな
alt	古い
ankommen	到着する
anrufen	電話をかける
r Apfel（複数形 Äpfel）	リンゴ
r Apfelsaft	リンゴジュース
e Apfelsine	オレンジ
arbeiten	仕事をする
aufräumen	掃除する
aufstehen	起きる
e Aula	講堂
aus	…の中から
s Auto	自動車
s Autofahren	ドライブ

B

r Bahnhof	駅
e Banane	バナナ
r Baseball	野球
r Basketball	バスケットボール
s Bauernbrot	田舎風のライ麦パン
begabt	才能のある
besuchen	訪れる
e Bibliothek	図書館
s Bier	ビール
s Bierglas	ビールグラス
billig	安い
e Birne	洋ナシ
bitte	どうぞ
r Bleistift	鉛筆
e Bratwurst（複数形 Bratwürste）	焼きソーセージ
e Brezel	ブレーツェル（8字型のパン）
e Brille	メガネ
s Brot	パン
s Brötchen	小型パン
r Bruder	兄（あるいは弟）
s Buch	本
Bücher（複数形）< s Buch	本
e Buchhandlung	本屋
e Burg	山城

s Büro	オフィス
r Bus	バス

C

s China	中国
s Chinesisch	中国語
e Cola	コーラ
r Computer	コンピュータ
e Currywurst	カレーソーセージ

D

dein	君の
deutsch	ドイツ語の
s Deutsch	ドイツ語
s Deutschland	ドイツ
e Deutschlandsreise	ドイツ旅行
s Deutschlernen	ドイツ語学習
dich	君を
dieser	この
e Disko	ディスコ
r Druckbleistift	シャープペンシル

E

s Ei	タマゴ
r Einkauf	買い物
Einkäufe machen	買い物をする
einladen	招待する
einschlafen	眠りにつく
Eltern（複数形）	推薦する
s England	イギリス
s Englisch	英語
essen	食べる
s Essen	食事
euch	君たちを
r Euro	ユーロ
s Export	エクスポルト（ビールの一種類）

F

fahren	（乗りも物で）行く
s Fahrrad	自転車
s Fahrradfahren	自転車乗り
faul	怠け者の
r Federball	バドミントン
fernsehen	テレビを見る
r Fernseher	テレビ
finden	見つける
r Fisch	魚

fleißig	勤勉な
fleißiger	より勤勉な
fliegen	（飛行機で）行く
e Forelle	マス
Frank	＜名前＞
Frankreich	フランス
Französisch	フランス語
r Freund	友人
e Freundin	女友達；ガールフレンド
freundlich	親切な
frisch	新鮮な
r Führerschein	運転免許書
den Führerschein machen	運転免許書をとる
für	…のために
r Füller	万年筆
r Fuß	足
zu Fuß	歩いて
r Fußball	サッカー

G

ganz	まったく
e Gartenarbeit	庭仕事
s Geld	お金
s Geschäft	店
s Geschenk	贈り物
s Getränk	飲み物
s Golf	ゴルフ
groß	大きい
e Großmutter	祖母
r Großvater	祖父
grün	緑の
e Gulaschsuppe	グーラシュスープ
gut	よい

H

s Hähnchen	ローストチキン
halb	半分
um halb acht	7時半に
um halb neun	8時半に
um halb sieben	6時半に
s Haus	家
nach Hause	家へ
zu Hause	家で
Hausaufgaben	宿題
die Hausaufgaben machen	宿題をする
s Heft	ノート
s Hemd	シャツ
hier	このあたりに

I

ihr	彼女の
Ihr	あなたの
in	…の中
in der Nähe	近くに
s Institut	研究所
r iPhone	アイフォーン
s Italien	イタリア
s Italienisch	イタリア語

J

e Jacke	ジャケット
s Japan	日本
japanisch	日本の
jeder	どの…も
jeden Tag	毎日
r Job	仕事
jobben	バイトをする
jung	若い

K

r Kaffee	コーヒー
r Kakao	ココア
kalt	冷たい
e Kamera	カメラ
e Kantine	社員食堂
e Karaoke-Box	カラオケボックス
e Katze	ネコ
kaufen	買う
s Kaufhaus	デパート
s Kind	子ども
s Kino	映画館
e Kirche	教会
s Kleid	ワンピース
klein	小さい
klug	賢い
kochen	料理をする
s Kochen	料理
kommen	来る；行く
nach Hause kommen	帰宅する
s Konzert	コンサート
r Kopfhörer	ヘッドフォン
s Koreanisch	韓国語
r Konzertsaal	コンサートホール
e Krawatte	ネクタイ
r Kugelschreiber	ボールペン

L

leihen	貸す
lernen	学ぶ
lesen	読む
e Limonade	レモネード

M

machen	（旅行などを）する
r Mantel	コート
r Marktplatz	市の立つ広場
am Marktplatz	市の立つ広場の側の
e Maultasche	マウルタッシェ（チーズと野菜などを詰めた餃子のようなもの）
mehr	より多くの
mein	私の
e Milch	ミルク
s Mineralwasser	ミネラルウォーター
mir	私に
mit	…と/…を使って
s Motorrad	モーターバイク
s Museum	美術館
e Mutter	母

N

nach	…へ
nach Hause	家へ
e Nähe	近さに
in der Nähe	近くに
nett	親切な
neu	新しい
neun	9
noch	（比較級を強めて）さらに
s Notebook	ノートパソコン

O

oder	あるいは
öffnen	開ける
r Onkel	おじ
s Opernhaus	オペラハウス
r Orangensaft	オレンジジュース
s Österreich	オーストリア

P

s Paar	対
ein Paar	一対の
e Party	パーティー
s Pils	ピルス（ビールの一種類）
e Pizza	ピザ
Pommes frites（複数形）	フライドポテト

s Portmonee	財布
e Post	郵便局
r Pullover	プルオーバー
e Püree	ピューレ（マッシュポテト等）

R

r Radler	ラードラー（レモネードを混ぜたビール）
r Rasierapparat	電気かみそり
e Reise	旅行
eine Reise machen	旅行をする
reisen	旅行をする
s Reisen	旅行
s Restaurant	レストラン
r Rhein	ライン川
am Rhein	ライン川の側の
s Rockkonzert	ロックコンサート
rot	赤い
r Rotwein	赤ワイン

S

r Saft	ジュース
sagen	言う
r Salat	サラダ
s Sauerkraut	ザウアクラウト（発酵させたキャベツ）
r Schal	マフラー
s Schinkenbrot	ハムパン
schließen	閉める
s Schloss	城
s Schnitzel	カツレツ
r Schrein	神社
Schuhe（複数形）	靴
e Schwester	姉（あるいは妹）
schwimmen	水泳をする
s Schwimmen	水泳
sehr	とても
sein	彼の
sieben	7
r Sohn	息子
Spagetti（複数形）	スパゲッティ
s Spanien	スペイン
s Spanisch	スペイン語
sparen	貯める
e Speise	食事
spielen	（スポーツを）する
r Sportwagen	スポーツカー
stark	強い
e Straßenbahn	路面電車
r Staubsauger	掃除機
s Südkorea	韓国
r Supermarkt	スーパーマーケット

s Sushi	すし
e Sushi-Bar	（小さな）すし屋

T

r Tag	日
jeden Tag	毎日
e Tagessuppe	日替わりスープ
e Tante	おば
tanzen	ダンスをする
e Tasche	カバン
s Taschentuch	ハンカチ
r Tee	お茶
r Tempel	寺院
teuer	高い
s Theater	芝居
s Ticket	チケット
r Tischtennis	卓球
e Tochter	娘
e Tomate	トマト
r Tomatensaft	トマトジュース
e Torte	タルト
r Traubensaft	ブドウジュース
treffen	会う

U

e U-Bahn	地下鉄
e Uhr	時計
um ... Uhr	…時に
um	
um ... Uhr	…時に
um wie viel Uhr	何時に
und	そして
e Uni	大学
zur Uni fahren	大学に行く
s Uni-Fest	大学祭
e Universität	大学
USA（複数形）	アメリカ合衆国

V

r Vater	父
verdienen	稼ぐ
viel	多く
um wie viel Uhr	何時に

W

wann	いつ
e Waschmaschine	洗濯機
r Wein	ワイン
s Weinglas	ワイングラス
e Weinstube	ワイン酒場

r Weißwein	白ワイン
s Weizenbier	（小麦の）ビール
e Weltreise	世界旅行
wie	どのように
um wie viel Uhr	何時に
s Wiener Schnitzel	ウィーン風カツレツ
wo	どこ
s Wörterbuch	辞書
e Wurst	ソーセージ
s Wurstbrot	ソーセージパン

Z

zehn	10
s Zimmer	部屋
r Zoo	動物園
zu	…に/…のところに
zu Hause	家で
r Zug	列車

Ⅲ. 追加練習問題

Lektion 1　追加問題（人称変化）

【練習1】下線部に人称語尾を入れなさい。

ich　komm＿＿＿＿＿　　　　wir　komm＿＿＿＿＿

du　komm＿＿＿＿＿　　　　ihr　komm＿＿＿＿＿

Sie　komm＿＿＿＿＿　　　　*Sie　komm*＿＿＿＿＿

er　komm＿＿＿＿＿

sie　komm＿＿＿＿＿　　　　sie　komm＿＿＿＿＿

es　komm＿＿＿＿＿

【練習2】次の日本語文をドイツ語文にしなさい。

(1)　君は(du)お茶を飲むのが好きですか？

＿＿＿＿＿＿＿＿＿＿＿＿＿＿＿＿＿＿＿＿＿＿＿＿＿＿＿＿

(2)　はい，私はお茶を飲むのが好きです。

＿＿＿＿＿＿＿＿＿＿＿＿＿＿＿＿＿＿＿＿＿＿＿＿＿＿＿＿

(3)　あなたは(Sie)は何を飲むのが好きですか？

＿＿＿＿＿＿＿＿＿＿＿＿＿＿＿＿＿＿＿＿＿＿＿＿＿＿＿＿

(4)　私はコーヒーを飲むのが好きです。

＿＿＿＿＿＿＿＿＿＿＿＿＿＿＿＿＿＿＿＿＿＿＿＿＿＿＿＿

(5)　君はサッカーをするのが好きですか？

＿＿＿＿＿＿＿＿＿＿＿＿＿＿＿＿＿＿＿＿＿＿＿＿＿＿＿＿

(6)　はい，私はサッカーをするのが好きです。

＿＿＿＿＿＿＿＿＿＿＿＿＿＿＿＿＿＿＿＿＿＿＿＿＿＿＿＿

(7)　あなたはどこから来たのですか？

＿＿＿＿＿＿＿＿＿＿＿＿＿＿＿＿＿＿＿＿＿＿＿＿＿＿＿＿

(8)　私は日本(Japan)から来ました。

＿＿＿＿＿＿＿＿＿＿＿＿＿＿＿＿＿＿＿＿＿＿＿＿＿＿＿＿

(9)　君はドイツ(Deutschland)から来たのですか？

＿＿＿＿＿＿＿＿＿＿＿＿＿＿＿＿＿＿＿＿＿＿＿＿＿＿＿＿

(10) いいえ，私はオーストリア(Österreich)から来ました。

＿＿＿＿＿＿＿＿＿＿＿＿＿＿＿＿＿＿＿＿＿＿＿＿＿＿＿＿

Lektion 2　　追加問題（文法上の性，冠詞の形）

【練習1】次の名詞の意味，文法上の性，定冠詞（1 格の形），不定冠詞（1 格の形）を書きなさい。

(1)　Wörterbuch 　＿＿＿＿＿　＿＿＿＿＿　＿＿＿＿＿　＿＿＿＿＿

(2)　Bibliothek 　＿＿＿＿＿　＿＿＿＿＿　＿＿＿＿＿　＿＿＿＿＿

(3)　Kaufhaus 　＿＿＿＿＿　＿＿＿＿＿　＿＿＿＿＿　＿＿＿＿＿

(4)　Bierkrug 　＿＿＿＿＿　＿＿＿＿＿　＿＿＿＿＿　＿＿＿＿＿

(5)　Tempel 　＿＿＿＿＿　＿＿＿＿＿　＿＿＿＿＿　＿＿＿＿＿

(6)　Kirche 　＿＿＿＿＿　＿＿＿＿＿　＿＿＿＿＿　＿＿＿＿＿

【練習2】次の日本語文をドイツ語文にしなさい。

(1)　これは何ですか？

＿＿＿＿＿＿＿＿＿＿＿＿＿＿＿＿＿＿＿＿＿＿＿＿＿＿＿＿＿＿＿

(2)　これはカメラです。

＿＿＿＿＿＿＿＿＿＿＿＿＿＿＿＿＿＿＿＿＿＿＿＿＿＿＿＿＿＿＿

(3)　これはヘッドフォンです。

＿＿＿＿＿＿＿＿＿＿＿＿＿＿＿＿＿＿＿＿＿＿＿＿＿＿＿＿＿＿＿

(4)　これはワイングラスです。

＿＿＿＿＿＿＿＿＿＿＿＿＿＿＿＿＿＿＿＿＿＿＿＿＿＿＿＿＿＿＿

(5)　これはティーカップですか？

＿＿＿＿＿＿＿＿＿＿＿＿＿＿＿＿＿＿＿＿＿＿＿＿＿＿＿＿＿＿＿

(6)　いいえ，これはティーカップではなく，コーヒーカップです。

＿＿＿＿＿＿＿＿＿＿＿＿＿＿＿＿＿＿＿＿＿＿＿＿＿＿＿＿＿＿＿

(7)　このコンピュータは軽い(leicht)ですか？

＿＿＿＿＿＿＿＿＿＿＿＿＿＿＿＿＿＿＿＿＿＿＿＿＿＿＿＿＿＿＿

(8)　はい，このコンピュータはとても軽いです。

＿＿＿＿＿＿＿＿＿＿＿＿＿＿＿＿＿＿＿＿＿＿＿＿＿＿＿＿＿＿＿

(9)　この山城は有名(berühmt)ですか？

＿＿＿＿＿＿＿＿＿＿＿＿＿＿＿＿＿＿＿＿＿＿＿＿＿＿＿＿＿＿＿

(10)　はい，この山城はとても有名です。

＿＿＿＿＿＿＿＿＿＿＿＿＿＿＿＿＿＿＿＿＿＿＿＿＿＿＿＿＿＿＿

Lektion 3　　追加問題（4 格）

【練習1】次の名詞の意味，定冠詞と不定冠詞の 4 格の形を書きなさい。

(1)　Wörterbuch　　＿＿＿＿＿　＿＿＿＿＿＿　＿＿＿＿＿＿

(2)　Kamera　　　　＿＿＿＿＿　＿＿＿＿＿＿　＿＿＿＿＿＿

(3)　Fahrrad　　　　＿＿＿＿＿　＿＿＿＿＿＿　＿＿＿＿＿＿

(4)　Computer　　　＿＿＿＿＿　＿＿＿＿＿＿　＿＿＿＿＿＿

(5)　Fernseher　　　＿＿＿＿＿　＿＿＿＿＿＿　＿＿＿＿＿＿

【練習2】次の日本語文をドイツ語文にしなさい。

(1)　君は何を買いますか？

　　　＿＿＿＿＿＿＿＿＿＿＿＿＿＿＿＿＿＿＿＿＿＿＿＿＿

(2)　私はテレビを買います。

　　　＿＿＿＿＿＿＿＿＿＿＿＿＿＿＿＿＿＿＿＿＿＿＿＿＿

(3)　彼は自転車を買います。

　　　＿＿＿＿＿＿＿＿＿＿＿＿＿＿＿＿＿＿＿＿＿＿＿＿＿

(4)　私はカメラを持っていません。

　　　＿＿＿＿＿＿＿＿＿＿＿＿＿＿＿＿＿＿＿＿＿＿＿＿＿

(5)　彼は辞書を持っていません。

　　　＿＿＿＿＿＿＿＿＿＿＿＿＿＿＿＿＿＿＿＿＿＿＿＿＿

(6)　彼はなぜ辞書を買わないのですか？

　　　＿＿＿＿＿＿＿＿＿＿＿＿＿＿＿＿＿＿＿＿＿＿＿＿＿

(7)　君はなぜその辞書を買わないのですか？

　　　＿＿＿＿＿＿＿＿＿＿＿＿＿＿＿＿＿＿＿＿＿＿＿＿＿

(8)　あなたはなぜそのコンピュータを買わないのですか？

　　　＿＿＿＿＿＿＿＿＿＿＿＿＿＿＿＿＿＿＿＿＿＿＿＿＿

(9)　君はなぜそのアイフォーンを買わないのですか？

　　　＿＿＿＿＿＿＿＿＿＿＿＿＿＿＿＿＿＿＿＿＿＿＿＿＿

(10) そのアイフォーンは高すぎます。

　　　＿＿＿＿＿＿＿＿＿＿＿＿＿＿＿＿＿＿＿＿＿＿＿＿＿

Lektion 4　追加問題（所有冠詞, dieser, welcher）

【練習1】次の名詞に付ける dieser の1格と4格の形を書きなさい。

(1)　Wörterbuch　＿＿＿＿＿＿＿＿＿　＿＿＿＿＿＿＿＿＿

(2)　Bibliothek　＿＿＿＿＿＿＿＿＿　＿＿＿＿＿＿＿＿＿

(3)　Tasche　＿＿＿＿＿＿＿＿＿　＿＿＿＿＿＿＿＿＿

(4)　Wein　＿＿＿＿＿＿＿＿＿　＿＿＿＿＿＿＿＿＿

(5)　Bleistift　＿＿＿＿＿＿＿＿＿　＿＿＿＿＿＿＿＿＿

(6)　Buch　＿＿＿＿＿＿＿＿＿　＿＿＿＿＿＿＿＿＿

【練習2】次の日本語文をドイツ語文にしなさい。

(1)　これは君の鉛筆(r Bleistift)ですか？

＿＿＿＿＿＿＿＿＿＿＿＿＿＿＿＿＿＿＿＿＿＿＿＿＿＿

(2)　はい, これは私の鉛筆です。

＿＿＿＿＿＿＿＿＿＿＿＿＿＿＿＿＿＿＿＿＿＿＿＿＿＿

(3)　君は何を探しているのですか？

＿＿＿＿＿＿＿＿＿＿＿＿＿＿＿＿＿＿＿＿＿＿＿＿＿＿

(4)　私は私の辞書(s Wörterbuch)を探しています。

＿＿＿＿＿＿＿＿＿＿＿＿＿＿＿＿＿＿＿＿＿＿＿＿＿＿

(5)　どのワインがドイツのものですか？

＿＿＿＿＿＿＿＿＿＿＿＿＿＿＿＿＿＿＿＿＿＿＿＿＿＿

(6)　このワインがドイツのです。

＿＿＿＿＿＿＿＿＿＿＿＿＿＿＿＿＿＿＿＿＿＿＿＿＿＿

(7)　あなたはどのワインを買うのですか？

＿＿＿＿＿＿＿＿＿＿＿＿＿＿＿＿＿＿＿＿＿＿＿＿＿＿

(8)　私はこの(dieser)ワインを買います。

＿＿＿＿＿＿＿＿＿＿＿＿＿＿＿＿＿＿＿＿＿＿＿＿＿＿

(9)　彼女はどのバック(e Tasche)を買うのですか？

＿＿＿＿＿＿＿＿＿＿＿＿＿＿＿＿＿＿＿＿＿＿＿＿＿＿

(10) 彼女はこのバックを買います。

＿＿＿＿＿＿＿＿＿＿＿＿＿＿＿＿＿＿＿＿＿＿＿＿＿＿

Lektion 5　　追加問題（複数形）

【練習1】次の名詞の意味と複数形（定冠詞を付けて）を書きなさい。

(1)　Computer　　_____　_____

(2)　Apfel　　_____　_____

(3)　Kind　　_____　_____

(4)　Buch　　_____　_____

(5)　Uhr　　_____　_____

(6)　Brezel　　_____　_____

【練習2】次の日本語文をドイツ語文にしなさい。

(1)　君はいくつのリンゴを買いますか？

　　_____

(2)　私はリンゴを三つ買います。

　　_____

(3)　君はいくつのトマトを買いますか？

　　_____

(4)　私はトマトを四つ買います。

　　_____

(5)　君はいくつの卵を買いますか？

　　_____

(6)　私は卵を五つ買います。

　　_____

(7)　あなたは(Sie)小型パン(s Brötchen)をいくつ食べますか(essen)？

　　_____

(8)　私は小型パンを三つ食べます。

　　_____

(9)　君は毎日何時間ドイツ語を勉強しますか？

　　_____

(10) 君は週に何時間バイトをしていますか？

　　_____

Lektion 6 追加問題（名詞の 2 格と 3 格，人称代名詞）

【練習1】dieser と mein の格変化表を完成させなさい。

	男性	女性	中性	複数
1格	dieser	_____	_____	_____
2格	_____	_____	_____	_____
3格	_____	_____	_____	_____
4格	_____	_____	_____	_____

	男性	女性	中性	複数
1格	_____	_____	_____	_____
2格	meines	_____	_____	_____
3格	_____	_____	_____	_____
4格	_____	_____	_____	_____

【練習2】次の日本語文をドイツ語文にしなさい。

(1) 君は何を友達に誕生日に贈るのですか？

_____

(2) 私は彼にマフラーを贈ります。

_____

(3) 君は何をガールフレンドに誕生日に贈るのですか？

_____

(4) 私は彼女に指輪を贈ります。

_____

(5) これは私の事務所(s Büro)の電話番号です。

_____

(6) このスープ(e Suppe)の味はいかがですか？

_____

(7) それはとてもすばらしい味です。

_____

(8) 君はこのネクタイ(e Krawatte)をどう思いますか？

_____

(9) 私はそれをとてもシックだと思います。

_____

Lektion 7　追加問題（前置詞）

【練習1】次の日本語文をドイツ語文にしなさい。

(1)　君たちはどこに行くのですか？

＿＿＿＿＿＿＿＿＿＿＿＿＿＿＿＿＿＿＿＿＿＿＿＿＿＿＿

(2)　私たちは学食に行きます。

＿＿＿＿＿＿＿＿＿＿＿＿＿＿＿＿＿＿＿＿＿＿＿＿＿＿＿

(3)　君はきょうどこで食事をするのですか？

＿＿＿＿＿＿＿＿＿＿＿＿＿＿＿＿＿＿＿＿＿＿＿＿＿＿＿

(4)　私はきょう学食で食事をします。

＿＿＿＿＿＿＿＿＿＿＿＿＿＿＿＿＿＿＿＿＿＿＿＿＿＿＿

(5)　どうやって君は大学に通っているのですか(fahren)？

＿＿＿＿＿＿＿＿＿＿＿＿＿＿＿＿＿＿＿＿＿＿＿＿＿＿＿

(6)　私は自転車(s Fahrrad)で大学に通っています。

＿＿＿＿＿＿＿＿＿＿＿＿＿＿＿＿＿＿＿＿＿＿＿＿＿＿＿

(7)　この贈り物(s Geschenk)は誰のため(für wen)のものですか？

＿＿＿＿＿＿＿＿＿＿＿＿＿＿＿＿＿＿＿＿＿＿＿＿＿＿＿

(8)　このネクタイは私の父のためのものです。

＿＿＿＿＿＿＿＿＿＿＿＿＿＿＿＿＿＿＿＿＿＿＿＿＿＿＿

(9)　このバックは私たちの母のためのものです。

＿＿＿＿＿＿＿＿＿＿＿＿＿＿＿＿＿＿＿＿＿＿＿＿＿＿＿

(10) 私はコーヒーを砂糖(r Zucker)とミルク(e Milch)なしで飲みます。

＿＿＿＿＿＿＿＿＿＿＿＿＿＿＿＿＿＿＿＿＿＿＿＿＿＿＿

(11) 私たちの家族は映画を見に行く(ins Kino gehen)のが好きです。

＿＿＿＿＿＿＿＿＿＿＿＿＿＿＿＿＿＿＿＿＿＿＿＿＿＿＿

(12) 今何時ですか？

＿＿＿＿＿＿＿＿＿＿＿＿＿＿＿＿＿＿＿＿＿＿＿＿＿＿＿

(13) 今，9 時半です。

＿＿＿＿＿＿＿＿＿＿＿＿＿＿＿＿＿＿＿＿＿＿＿＿＿＿＿

(14) 私たちはきょう 6 時に夕食を食べます(zu Abend essen)。

＿＿＿＿＿＿＿＿＿＿＿＿＿＿＿＿＿＿＿＿＿＿＿＿＿＿＿

Lektion 8　　追加問題（分離動詞）

【練習1】動詞 vorhaben「…を予定している」の人称変化形を書きなさい。

ich	_____	…	_____	wir	_____	…	_____
du	_____	…	_____	ihr	_____	…	_____
Sie	_____	…	_____	*Sie*	_____	…	_____
er	_____	…	_____				
sie	_____	…	_____	sie	_____	…	_____
es	_____	…	_____				

【練習2】次の日本語文をドイツ語文にしなさい。

(1)　君は何時に寝るのですか？

_____

(2)　私は 12 時半に寝ます。

_____

(3)　君は何時に起きるのですか？

_____

(4)　私は毎日 7 時に起きます。

_____

(5)　あなたは毎日何時間テレビを見ますか？

_____

(6)　私は毎日テレビを約 3 時間見ます。

_____

(7)　君は週末に(am Wochenende)どんな予定を持っています？

_____

(8)　私は家に留まって，レポート (s Referat) を書きます。

_____

(9)　君は何時に朝食を食べます (frühstücken) か？

_____

(10) 私は 9 時に朝食を食べます。

_____

Lektion 9　追加問題（話法の助動詞）

【練習1】動詞 können「…することができる」の人称変化を書きなさい。

ich	_____	wir	_____
du	_____	ihr	_____
Sie	_____	*Sie*	_____
er	_____		
sie	_____	sie	_____
es	_____		

【練習2】次の日本語文をドイツ語文にしなさい。

(1)　休暇の間君は何をするつもりですか？

　　_____

(2)　私は運転免許書をとるつもりです。

　　_____

(3)　私はドイツに行くつもりです。

　　_____

(4)　君は何になりたいと思っていますか？

　　_____

(5)　私は先生になりたいと思っております。

　　_____

(6)　彼はドイツ語を話すことができますか(können)？

　　_____

(7)　彼はとても上手に(sehr gut)ドイツ語を話すことができます。

　　_____

(8)　君は毎日ドイツ語を学ばなければならないのですか(müssen)？

　　_____

(9)　はい，私は毎日ドイツ語を学ばなければなりません。

　　_____

(10)　一緒に行きましょうか(sollen)？

　　_____

Lektion 10　追加問題（現在完了形）

【練習1】次の日本語文をドイツ語文にしなさい。

(1)　君はもうレポート (s Referat) を書きましたか？

_____

(2)　はい, 私はレポートをもう書きました。

_____

(3)　君は日曜日に何をしましたか？

_____

(4)　私は日曜日にコンサートに行きました (ins Konzert gehen)。

_____

(5)　どこに彼女は行ったのですか？

_____

(6)　彼女は図書館 (e Bibliothek) に行きました。

_____

(7)　君はもう辞書を買いましたか？

_____

(8)　はい, 私はもう辞書を買いました。

_____

(9)　君はボーイフレンドをもう見つけましたか(finden)？

_____

(10) 君はガールフレンドをもう見つけましたか？

_____

(11) ザビーネは映画に行きました。

_____

(12) フランクは家に帰りました (nach Hause gehen)。

_____

【練習2】完了形を作るのに, どのような動詞が助動詞 sein を用いるのかを説明し, その後に具体例を書きなさい。

_____　たとえば

_____など

Lektion 11　追加問題（形容詞の格変化）

【練習1】次の下線部に格語尾を書きなさい。

1格	der	gut____	Freund	die	gut____	Freundin
2格	des	gut____	Freundes	der	gut____	Freundin
3格	dem	gut____	Freund	der	gut____	Freundin
4格	den	gut____	Freund	die	gut____	Freundin

【練習2】次の日本語文をドイツ語文にしなさい。

(1) 私はとてもよい友人を持っています。

_____

(2) 彼はとても小さなノートパソコンを持っています。

_____

(3) 彼女はとても軽い(leicht)カメラを持っています。

_____

(4) 私はいつも(immer)緑茶を飲みます。

_____

(5) 私は冷たいビールを飲むのが好きです。

_____

(6) 彼は毎日(jeden Tag)新鮮な(frisch)ミルク(e Milch)を飲みます。

_____

(7) 私はこの日本製のビールを飲みます。

_____

(8) どの日本製のビールがとてもよいですか？

_____

(9) 私はこのドイツのソーセージ(e Wurst)が好きです。

_____

(10) このドイツのソーセージはとてもよいです。

_____

(11) 私はこのドイツのワインを飲みます。

_____

(12) このドイツのワインはとてもよいです。

_____

Lektion 12 　追加問題（比較表現）

【練習1】次の日本語文をドイツ語文にしなさい。

(1) フランクはヴェルナーよりも賢いです。

_____

(2) ヴェルナーはフランクよりも才能があります。

_____

(3) フランクはヴェルナーよりも年上です。

_____

(4) ヴェルナーはフランクよりも年下です。

_____

(5) フランクはヴェルナーよりもサッカーが上手です。

_____

(6) ヴェルナーはフランクよりも走るのが速いです。

_____

(7) ヴェルナーはクラスで一番勤勉です。

_____

(8) フランクは私たちの中で一番サッカーが上手です。

_____

(9) ハンスはクラスで一番才能があります。

_____

(10) トーマスは私たちの中で料理が一番上手です。

_____

(11) 私たちは（これ）より小さな(klein) カメラを持っていません。

_____

(12) 私たちは（これ）より軽い(leicht)ノートパソコンを持っていません。

_____

(13) 私たちはより安い(billig)コンピュータを持っていません。

_____

(14) 私たちはより小さな靴(Schuhe)を持っていません。

_____

Lektion 13　追加問題（受動形）

【練習1】次の日本語文をドイツ語文にしなさい。

(1)　そのデパートはいつ開けられますか？

_____

(2)　そのデパートは 9 時に開けられます。

_____

(3)　その美術館はいつ開けられますか？

_____

(4)　その美術館は 10 時に開けられます。

_____

(5)　そのデパートは何時に閉められますか？

_____

(6)　そのデパートは 7 時に閉められます。

_____

(7)　その動物園(r Zoo)は何時に閉められますか？

_____

(8)　その動物園は5時に閉められます。

_____

(9)　このオペラハウス(s Operhaus)はいつ建てられたのですか？

_____

(10) このオペラハウスは 1900 年に建てられました。

_____

(11) このデパートはいつ建てられたのですか？

_____

(12) このデパートは 6 年前に(vor sechs Jahren)建てられました。

_____

(13) スイスでは(in der Schweiz)どの言語が話されていますか？

_____

(14) スイスでは, ドイツ語とフランス語とイタリア語が話されています。

_____

_____

Lektion 14　追加問題（接続法第2式）

【練習1】次の日本語文をドイツ語文にしなさい。

(1)　もっとお金があったら，君は何をしますか？

_____

_____

(2)　もっとお金があったら，私はドイツに行くでしょう。

_____

_____

(3)　もっとお金があったら，私はドイツ語の辞書(s Wörterbuch)を買うでしょう。

_____

_____

(4)　もっとお金があったら，私は君をドイツ旅行に招待するでしょう。

_____

_____

(5)　もっと時間があったら，私はもっとまじめに(fleißig)ドイツ語を学ぶでしょう。

_____

_____

(6)　もっと時間があったら，私はもっとたくさんの本を読むでしょう。

_____

_____

(7)　もし私に 100 ユーロ(Euro)お貸しいただければ(leihen)，私はとてもありがたいのですが。

_____

_____

(8)　お茶をもう一杯(noch eine Tasse)いただけますか？

_____

_____

(9)　一緒に映画を見に行く(ins Kino mitgehen)のはいかがでしょうか？

_____

_____

Ⅳ. 読解テキスト

テキスト 1 （Lektion 0 ー Lektion 4）

Ich heiße Anke.

Guten Tag!
Ich heiße Anke.
Ich komme aus Deutschland.

In Deutschland wohne ich in Berlin.
Berlin ist die Hauptstadt von Deutschland.
Ich bin 21 Jahre alt.

Jetzt wohne ich in Kyoto.
Ich studiere in Kyoto.

Ich studiere Musik.
Ich bin Musikstudentin.
Hörst du auch gern Musik?

Mein Hobby ist Japanischlernen.
Ich lerne gern Japanisch.
Lernst du auch gern Deutsch?

Ich habe noch kein Handy.
Ich kaufe heute ein Handy.
Hast du schon ein Handy?

Übrigens, wie heißt du? Wo wohnst du?
Wie alt bist du? Was studierst du?
Was ist dein Hobby?

【主な語彙】

bin	/**ザ**イン/	< sein …である
e Hauptstadt	/**ハ**オプトシュタット/	首都
habe	/**ハ**ーベ/	< haben 持っている
hast	/**ハ**スト/	< haben 持っている
heißen	/**ハ**イセン/	…という名前です
heute	/**ホ**イテ/	きょう
hören	/**ヘ**ーレン/	聞く
Japanisch	/ヤ**パ**ーニッシュ/	日本語
s Japanischlernen	/ヤ**パ**ーニッシュレルネン/	日本語学習
jetzt	/**イ**ェッツト/	今
e Musik	/ム**ズ**ィーク/	音楽
Musikstudentin	/ム**ズ**ィーク シュトゥ**デ**ンティン/	音楽専攻の女子学生
noch	/**ノ**ッホ/	まだ
schon	/**ショ**ーン/	もう
studieren	/シュトゥ**ディ**ーレン/	大学で学ぶ
übrigens	/**ユ**ーブリゲンス/	ところで
von	/**フォ**ン/	…の
wie	/**ヴィ**ー/	どのように
wo	/**ヴォ**ー/	どこに
wohnen	/**ヴォ**ーネン/	住んでいる

Wie alt ...?	何歳ですか？（＝*how old*)
... Jahre alt	…歳です
Wie heißt du?	君はなんという名前ですか？

＝＝＝＝＝＝＝＝
【ドイツ情報】(2022 年)
ドイツの正式の国名はドイツ連邦共和国。国の面積は，日本の約 0.95 倍。緯度は札幌よりも北。人口は約 8 千 3 百万人で，世界第 19 位。GDP は世界第 4 位（第 1 位アメリカ，第 2 位中国，第 3 位日本）。通貨はユーロ。日本との時差は8時間，ただし夏時間の場合7時間。首都はベルリン。大統領はフランク＝ヴァルター・シュタインマイアー，首相は，オラフ・ショルツ。公用語はもちろんドイツ語。

テキスト **2** （Lektion 5 — Lektion 9）

Was soll Otto tun?

Otto kauft in der Stadt eine Ziege, einen Schäferhund und
einen Sack Gerste und geht nach Hause.

Aber zwischen der Stadt und seinem Dorf ist ein Fluss.
Und es gibt hier keine Brücke, es gibt nur ein Boot.

In das Boot passen nur Otto und die Ziege oder Otto und
der Schäferhund oder Otto und die Gerste.

Otto muss deshalb mehrmals über den Fluss fahren.

Aber da gibt es zwei Probleme:
(a) ohne Otto frisst der Schäferhund die Ziege.
(b) ohne Otto frisst die Ziege die Gerste.

Otto bringt deshalb zuerst die Ziege über den Fluss,
denn Schäferhunde fressen keine Gerste.

Aber was soll er jetzt holen, den Schäferhund oder die Gerste?
Was soll Otto tun?

Schäferhund
/シェーファーフント/
牧羊犬

Ziege
/ツィーゲ/
羊

Gerste
/ゲルステ/
大麦

【主な語彙】

aber	/**アー**バー/		しかし
s Boot	/**ボー**ト/		ボート
bringen	/**ブリン**ゲン/		運ぶ
e Brücke	/**ブリュッ**ケ/		橋
da	/**ダー**/		そこで
denn	/**デン**/		というのは
deshalb	/**デス**・ハルプ/		そのために
s Dorf	/**ドル**フ/		村
fahren	/**ファー**レン/		(乗り物で)行く
r Fluss	/**フル**ス/		川
fressen	/**フレッ**セン/		(動物が)食べる
frisst	/**フリ**スト/		< fressen の 3 人称単数
gehen	/**ゲー**エン/		行く
nach Hause gehen			家に帰る
hier	/**ヒー**ア/		ここに
holen	/**ホー**レン/		運ぶ
jetzt	/**イェッ**ツト/		今
mehrmals	/**メー**アマールス/		何度か
nach	/**ナー**ハ/		…へ
nur	/**ヌー**ア/		…しか～ない
ohne	/**オー**ネ/		…なし
Otto	/**オッ**トー/		＜人名＞
passen	/**パッ**セン/		合う
s Problem	/プロ**ブレー**メ/		問題
r Sack	/**ザッ**ク/		袋
ein Sack Gerste			一袋の大麦
sollen	/**ゾ**レン/		…すべきである
e Stadt	/シュ**タッ**ト/		町
tun	/**トゥー**ン/		する
über	/**ユー**バー/		…を越えて
was	/**ヴァ**ス/		何を
zuerst	/ツ**エー**アスト/		最初に
zwei	/ツ**ヴァ**イ/		二つの
zwischen	/ツ**ヴィッ**シェン/		…の間に

Die Rübe*

Der Großvater hat Rüben gesät.

Er will eine dicke Rübe aus der Erde ziehen.

Er packt sie bei den Blättern,

er zieht und zieht und kann sie nicht herausziehen.

Der Großvater ruft die Großmutter.

Die Großmutter zieht den Großvater,

der Großvater zieht die Rübe,

sie ziehen und ziehen und können sie nicht herausziehen.

Da kommt der Enkelsohn:

Der Enkelsohn zieht die Großmutter,

die Großmutter zieht den Großvater,

der Großvater zieht die Rübe,

sie ziehen und ziehen und können sie nicht herausziehen.

Da kommt die Enkeltochter:

Die Enkeltochter zieht den Enkelsohn,

der Enkelsohn zieht die Großmutter,

die Großmutter zieht den Großvater,

der Großvater zieht die Rübe,

sie ziehen und ziehen ... schwupps, ist die Rübe heraus.

*もともとはロシアのお話をドイツ語に書き直したものです。

【主な語彙】

aus	/アオス/	…の中から
bei	/バイ/	…のところで
Blättern	/ブレッターン/	< s Blatt「葉」の複数 3 格
da	/ダー/	そのとき
dick	/ディック/	太い
e Erde	/エーアデ/	大地
r Enkelsohn	/エンケルゾーン/	男の子の孫
e Enkeltochter	/エンケルトホター/	女の子の孫
gesät	/ゲゼート/	< säen「蒔く」の過去分詞
e Großmutter	/グロースムッター/	おばあさん
r Großvater	/グロースファーター/	おじいさん
heraus	/ヘラオス/	（中から）外に出ている
herausziehen	/ヘラオスツィーエン/	引き抜く
kann	/カン/	< können
kommen	/コンメン/	来る
können	/ケンネン/	…できる
nicht	/ニヒト/	…ない
packen	/パッケン/	つかむ
e Rübe	/リューベ/	カブ
rufen	/ルーフェン/	呼ぶ
schwupps	/シュヴップス/	＜擬声語＞
sie	/ズィー/	＝die Rübe　彼らは
will	/ヴィル/	< wollen「…しようとする」
ziehen	/ツィーエン/	引っ張る

e Rübe /リューベ/　カブ

テキスト 3-2 （Lektion 10 － Lektion 12）

Ein Hund, eine Katze und ein Schwein

Hund:	Wau, wau, es ist kalt!
Katze:	Miau, miau, ich friere!
Schwein:	Grunz, grunz, mir ist es auch kalt!
	Wollen wir nicht ein bisschen zusammenrücken?
Hund/Katze:	Ja, das ist keine schlechte Idee!

三匹は寄り添うが，すぐに…．

Hund:	Wau, wau, es stinkt abscheulich!
Katze:	Miau, miau, hier stinkt es wie die Pest!
Schwein:	Grunz, grunz, ihr stinkt nach Fisch!
	Ich gehe in meine Ecke zurück!
Hund/Katze:	Ich auch!

別々になった三匹はしばらくして，また…．

Hund:	Wau, wau, es ist so kalt.
	Ich zittere vor Kälte.
	Wollen wir nicht wenigstens ein bisschen zusammenrücken?
Katze/Schwein:	Ja, das ist keine schlechte Idee!

三匹は適当な近さに近づいて…．

Hund:	Wau, wau, mir ist es immer noch kalt, aber es ist nicht mehr unerträglich.
Katze:	Miau, miau, es stinkt noch etwas, aber wenigstens ist es jetzt wärmer.
Schwein:	Grunz, grunz, mir ist es noch etwas kalt, und es stinkt ein bisschen.
	Aber auf jeden Fall ist es wärmer als vorher.
Hund/Katze/Schwein:	Ch, ch, ch, ...

【主な語彙】

aber	しかし	e Katze	猫
abscheulich	ひどい	schlecht	悪い
e Ecke	隅	s Schwein	豚
frieren	震える	unerträglich	耐えられない
hier	ここ	wärmer	< warum 「暖かい」の比較級
r Hund	犬	wenigstens	少なくとも
e Idee	考え	zittern	震える
jetzt	今	zurückgehen	戻る（分離動詞）
kalt	寒い	zusammenrücken	間隔をつめる

als vorher	以前よりも
auf jeden Fall	とにかく
ein bisschen	少しばかり
immer noch	いまなお
nicht mehr	もはや…でない
noch etwas	もう少し
vor Kälte	寒さのあまり

Es ist kalt.	寒い（es は形式的な主語）
Es ist so kalt.	とても寒い
Mir ist es kalt.	私は寒い

Es stinkt.	くさい
Es stinkt nach Fisch.	魚のにおいがする
Es stinkt wie die Pest.	ひどいにおいがする（＜ペストのようなにおいがする）

grunz, grunz	/グルンツ グルンツ/	ブー，ブー
miau, miau	/ミアオ ミアオ/	ニャーオ，ニャーオ
wau, wau	/ヴァオ ヴァオ/	ワン，ワン
ch, ch, ch ...	/フー フー フー/	＜寝息＞

テキスト **4**（Lektion 13 — Lektion 14）

Auch wenn ...

Tochter: Weißt du, warum die Blaumeise einen blauen Scheitel hat?

Vater: Ja, weil sie blaue Körner gefressen hat.

Tochter: Eine sehr romantische Antwort.

Aber Vati, sieh mal!

Ein wunderschönes Haus!

Mit einem großen Garten!

Vater: Ja, wirklich.

Tochter: Wäre es nicht schön, wenn wir auch in einem solchen Haus wohnen könnten?

Vater: Hanako, sowohl ein schönes Haus als auch ein großer Garten sind nicht wichtig.

Wichtig ist, dass man andere Leute nicht beneidet.

Ich bin mit meinem jetzigen Leben zufrieden.

Tochter: Auch wenn du kein eigenes Haus hast?

Vater: Richtig!

Tochter: Auch wenn Mutti immer darüber klagt?

Vater: Richtig!

Tochter: Auch wenn du immer mit dem Hausbesitzer Schwierigkeiten hast?

Vater: Richtig!

Tochter: Auch wenn dich deshalb die ganze Familie komisch ansieht?

Vater: Richtig!

e Blaumeise　アオガラ

【主な語彙】

andere	他の	Körner	<r Korn「(穀物などの)粒」の複数形
ansieht	< ansehen 見る	s Leben	人生
e Antwort	答え	Leute（複数形）	人々
beneiden	うらやむ	man	人が
blau	青い	Mutti	おかあさん（呼びかけ）
e Blaumeise	アオガラ	richtig	正しい
darüber	そのことについて	romantisch	ロマンティックな
deshalb	そのために	r Scheitel	頭のてっぺん
eigen	自分の	schön	美しい
e Familie	家族	Schwierigkeiten（複数形） めんどう	
ganz	全	solcher	このような
r Garten	庭	e Tochter	娘
gefressen	< fressen「食べる」の過去分詞	r Vater	父親
groß	大きな	Vati	おとうさん（呼びかけ）
s Haus	家	warum	なぜ
r Hausbesitzer	家主	weil	…なので
immer	いつも	wichtig	大切な
jetzig	今の	wirklich	本当の
klagen	嘆く	wohnen	住んでいる
komisch	変な	wunderschön	とてもすてきな
komisch ansehen おかしいと見る		zufrieden	満足している
könnten	< können の接続法第2式		

auch wenn ...	たとえ…でも
Sieh mal!	見て, 見て！
sowohl ... als auch	…も～も
Wäre es nicht schön, wenn ...?	もし…ならば, すてきではないですか？
Weißt du, ...	ねえ（呼びかけ）

Ⅴ．文法補足

1 2格支配の前置詞

次の前置詞は，2格の名詞と結びつきます．

außerhalb	…の外に	innerhalb	…の内に
während	…間に	wegen	…の理由で

Sie wohnen außerhalb der Stadt. 　彼らは郊外に住んでいます．

Wegen der Hitze arbeitet er heute nicht. 　暑さのため彼は今日働きません．

Während des Essens sagt er kein Wort. 　食事のあいだ彼は一言も話しません．

2 命令形

§1　親しい相手（du/ihr で呼び合う相手）に対する命令形は，主語を省き，動詞の語幹に -e/-t を付けて作ります．なお，du で呼び合う相手への命令形の語尾 e はしばしば口語で省きます．また，語幹が -t/-d で終わる動詞の場合，ihr で呼び合う相手への命令形の語尾は口調上のeを入れて，-et になります．

		<du に対する場合>	<ihr に対する場合>	
kommen	来る	Komm[-e]!	Komm-t!	来い！
gehen	行く	Geh[-e]!	Geh-t!	行け！
arbeiten	働く	Arbeit-e!	Arbeit-et!	働け！
baden	お風呂に入る	Bad-e!	Bad-et!	お風呂に入りなさい！

§2　現在人称変化単数2・3人称で幹母音eを i／ie に変える不規則動詞は，du の命令形も，幹母音を i／ie に変えて作ります（ihr の命令形は常に規則的に作ります）．語尾 e は付けません．

sprechen	話す	Sprich!	(du sprichst)	話せ！
sehen	見る	Sieh!	(du siehst)	見ろ！

§3　一般的な相手（敬称 Sie で呼び合う相手）に対する命令形は，疑問文と同一の形式を用います．ただしイントネーションを命令口調にし，また，クエスチョンマークの代わりに感嘆符「!」を付けます．

Lernen Sie Deutsch! 　ドイツ語を学びなさい！

Sagen Sie das noch einmal, bitte! 　もう一度言ってください！

Geben Sie mir bitte ein Medikament! 　薬をください！

§4　sein の命令形

Sei vorischtig! 　気をつけてください！

Seid vorischtig! 　（同上）

Seien Sie bitte vorischtig! 　（同上）

③ 再帰代名詞，再帰動詞

§1 主語自身に向けられる行為（たとえば「自分のことを愛する」）を表す場合，再帰代名詞を用います．

1格	ich	wir	du	ihr	Sie	er/sie/es	sie
3格	mir	uns	dir	euch	**sich**	**sich**	**sich**
4格	mich	uns	dich	euch	**sich**	**sich**	**sich**

再帰代名詞は，3人称と2人称敬称のみが sich という特別な形を取ります．

《4格》

sich^4 lieben　　自分を愛する

Ich liebe nur mich.　　　　私は私だけを愛します．

Er liebt nur sich.　　　　彼は自分のことだけを愛します．

《3格》

sich^3 die Zähne putzen　　自分のために歯をみがく

Ich putze mir die Zähne.　　私は歯をみがきます．

Er putzt sich die Zähne.　　彼は歯をみがきます．

§2 動詞の中には，再帰代名詞とのみ結びつき，一つのまとまった意味を表すものがあります．この種の動詞を再帰動詞と呼びます．

sich^4 vorstellen　　自己紹介する

sich^4 für ... interessieren　　…に興味を持っている

Wofür interessiren Sie sich?　　　　何に興味を持っていますか．

Ich interessiere mich für klassische Musik.　　クラシック音楽に興味があります．

④ 関係文

§1 関係代名詞による名詞修飾文（「‥するところ〜」）を関係文と呼びます．関係代名詞は以下のように格変化します．

〔格変化表〕

	男性	女性	中性	複数
1格	der	die	das	die
2格	dessen	deren	dessen	deren
3格	dem	der	dem	denen
4格	den	die	das	die

§2 関係文は先行詞（＝関係文が修飾する，主文中の名詞）の後に，関係詞は関係文の文頭に置きます．関係文では，定動詞は文末に置きます．関係文の前に（そして必要ならば，後にも）コンマを打ちます．

〔1格〕der Student, der in Yokohama wohnt　　　横浜に住んでいる学生

〔2格〕der Student, dessen Vater Professor ist　　父親が教授の学生

〔3格〕der Student, mit dem ich gerade gesprochen habe

　　　　　　　　　　　　　　　　　　　　　私が今ちょうど話をしていた学生

〔4格〕der Student, den ich hoch schätze　　　　私が高く評価する学生

§3 「…するところの人」と，人を表す先行詞をそれ自身のなかに含んで表す場合，不定関係代名詞 wer を用います．また「…するところのもの＜こと＞」と，ものごとを表す先行詞をそれ自身のなかに含んで表す場合，不定関係代名詞 was を用います．

　　Wer keinen Führerschein hat, darf nicht Auto fahren.

　　（＝Der Mensch, der keinen Führerschein …）

　　　運転免許証を持っていない人は車を運転できません．

　　Ich verstehe, was du sagst.　　　　　私は君の言うことを理解します．

　　（＝… das, was du sagst）

5 zu 不定詞句

§1 不定詞の直前に zu を置いたものを zu 不定詞と呼びます．また，分離動詞の場合には分離前つづりと基礎動詞部分との間に zu を入れます．

kaufen	買う	→	zu kaufen
denken	思う	→	zu denken
einladen	招待する	→	einzuladen

§2 zu 不定詞を他の語句と結び付ける場合，zu 不定詞は，日本語のように，末尾に置きます．これを zu 不定詞句と呼びます．

　　ein Buch zu kaufen　　　　　　　本を買う（こと）

　　an die Arbeit zu denken　　　　　仕事のことを考える（こと）

　　ihn zum Essen einzuladen　　　　彼を食事に招待する（こと）

§3 用法

〔主語〕

　　Nach Deutschland zu fahren ist mein Traum.　　ドイツに行くことは私の夢です．

　　Es ist mein Traum, nach Deutschland zu fahren.

　　（意味は上例と同じ；es は zu 不定詞句を受けています）

〔目的語〕

　　Ich hasse es, allein zu sein.　　　　　　　　　　私は一人でいるのが嫌いです．

　　Vergiss nicht, mir einen Brief zu schreiben!　　私に手紙を書くことを忘れないでね．

〔名詞修飾〕

　　Er hat den Wunsch, Arzt zu werden.　　　　　彼は医者になる望みを抱いています．

　　Ich habe keine Zeit, mit dir ins Kino zu gehen.　私は君と映画を見に行く時間はありません．

〔副詞的〕

    um ～ zu... 「…するために」

    Frank geht in die Stadt, um einzukaufen.   フランクは買い物をするために町に行きます.

    ohne ～ zu... 「…することなしに／…しないで」

    Wir arbeiten, ohne zu essen.   私たちは食事もしないで働きます.

6 接続法第1式

§1   接続法第1式は,不定詞の語幹に左下の語尾を付けて作ります. e が含まれているのが特徴です.

		kaufen 買う	haben 持っている	sein …である
ich	-e	kaufe	habe	sei
du	-est	kaufest	habest	seist
Sie	-en	kaufen	haben	seien
er	-e	kaufe	habe	sei
wir	-en	kaufen	haben	seien
ihr	-et	kaufet	habet	seiet
Sie	-en	kaufen	haben	seien
sie	-en	kaufen	haben	seien

§2   接続法第1式は,「彼は…だと言っていた」というように他人の言葉をさらに人に伝えるのに用います. このような, 人の言葉を伝える表現様式を間接話法と呼びます.

    なお, 伝達部分が接続詞dassを伴なうことも伴なわないこともあります(後者の場合は主文の語順になるので注意).

    Er sagte, dass Anke ein Buch kaufe.

      彼はアンケが本を買うと言った.

    ＝Er sagte: „Anke kauft ein Buch.“

    Frau Müller sagte, sie wolle ein japanisches Auto kaufen.

      ミュラーさんは, ドイツの車を買うつもりだと言った.

    ＝Frau Müller sagte: „Ich will ein japanisches Auto kaufen.“

⑦ nicht の位置

ドイツ語の nicht による否定文は，語句を日本語の語順で並べ，否定したい語句の前に nicht を置き，次に動詞を第 2 位に移すことによって作ります．

彼は		きょう		働く
er	_____	heute	**否定** →	arbeiten

↓ **nicht の挿入**

→　er　_____　heute　　　nicht　arbeiten

_____|

↓

→　Er　arbeitet　heute　　　nicht.

　　　彼はきょう働きません．

〔動詞（句）〕

Er arbeitet heute nicht.　　　　　　　　彼はきょう働きません．

Ich kenne den Mann nicht.　　　　　　私はその男を知りません．

Er fährt heute nicht ab.　　　　　　　彼はきょう出発しません．

Ich möchte noch nicht heiraten.　　　私はまだ結婚したくありません．

Er hat die Prüfung nicht bestanden.　彼は試験に合格しませんでした．

Frank wurde nicht zum Essen eingeladen.　フランクは食事に招待されなかった．

〔目的語〕

Ich spreche nicht Deutsch.　　　　　　私はドイツ語を話しません．

〔副詞〕

Ich kann nicht gut singen.　　　　　　私は上手に歌えません．

53 Dialog 3

✪ **Wie fährst* du zur Uni?**
Mit dem Bus?

　　　✪ Nein, ich fahre mit der
　　　Straßenbahn.

　　　　　　　　　　　　　　　　　* 47 ページを参照.

ネイティヴは

　　✪ Wie fährst du zur Uni?
　　Mit dem Bus?
　　✪ Nein, mit der Straßenbahn.

上の例の mit dem Bus / mit der Straßenbahn を次の語句に代えて，
役割練習をしましょう（d__ は定冠詞を表します）.

(1) mit d__ Straßenbahn/mit d__ U-Bahn

(2) mit d__ U-Bahn/ mit d__ Bus

(3) mit d__ Bus/ mit d__ Fahrrad

(4) mit d__ Fahrrad/zu Fuß （注：動詞は gehen を用います）

54 Dialog 4

✪ **Für wen ist das Geschenk?**

　✪ Es ist für meine Freundin.

ネイティヴは

　✪ Für wen ist das Geschenk?
　✪ Für meine Freundin.

上の例の Freundin を次の語句に代えて，役割練習をしましょう.

(1) r Freund	**(2) r Vater**	**(3) e Mutter**
(4) e Schwester	**(5) r Bruder**	**(6) r Onkel**
(7) e Tante	**(8) Eltern**（複数形）	**(9) dich**

文法

POINT ☆Dialogのポイントは，**前置詞と結び付く名詞も一定の格**になることです．
前置詞（下の例の太字体の部分）の後ろの名詞が４格だったり３格だったり，
異なっていることを確認してください．なお，Dialog 3のzurは，
前置詞zuと定冠詞derの融合したものです（5参照）．

    ... in die Mensa   学食の中へ   → **４格**

    ... in der Mensa   学食の中で   → **３格**

    ... mit der Straßenbahn   路面電車で   → **３格**

    ... für meine Freundin   私のガールフレンドのために → **４格**

1 ドイツ語の前置詞は，一定の格の名詞と結び付きます．４格と結び付くもの
（＝「**４格支配の前置詞**」），３格と結び付くもの（＝「**３格支配の前置詞**」），
２格と結び付くもの（＝「**２格支配の前置詞**」），用法に応じて３格と結び付い
たり，４格と結び付いたりするもの（＝「**３・４格支配の前置詞**」）の４種類が
あります．２格支配の前置詞については予習用学生教材を参照．

2 3格支配の前置詞

    aus …の中から   **mit** …と一緒に：…で   **nach** …の後で：…へ   **zu** …へ

     Frank kommt *aus* **dem Büro.**
       フランクはオフィスから出て来ます．

     Anke fährt *mit* **ihrem Freund** *nach* **Berlin.**
       アンケはボーイフレンドとベルリンに行きます．

     Werner geht *nach* **der Arbeit** *zu* **seiner Freundin.**
       ヴェルナーは仕事の後にガールフレンドのところに行きます．

3 4格支配の前置詞

    durch …を通って   **für** …のために   **ohne** …なしで   **um** …時に

     Wir bummeln *durch* **die Altstadt.**
       私たちは旧市街地をブラブラ歩きます．

     Anke kauft ein Geschenk *für* **ihre Mutter.**
       アンケは母親のためにプレゼントを買います．

Frank trinkt Kaffee *ohne* **Zucker und Milch.**
フランクは砂糖とミルクなしでコーヒーを飲みます.

Heute essen wir *um* **ein* Uhr zu Mittag.**
きょう私たちは1時に昼食を食べます.

eine Uhr は「一つの時計」

4

下の表の9つの前置詞は,用法によって3格を支配したり,4格を支配したりします.動作の行われる(またはある状態が続いている)場所「…で」を表すときには3格支配,動作によって人やものが移動して行く方向「…へ」を表すときには4格支配になります.

in {
　+4格:…の中へ
　+3格:…の中で
}

Die Studenten gehen in *die* **Mensa.**
学生たちは学食の中へ入って行きます.

Die Studenten essen in *der* **Mensa.**
学生たちは学食で食事をします.

an …の側	**auf** …の上	**hinter** …の後ろ
in …の中	**neben** …の横	**über** …の上方
unter …の下	**vor** …の前	**zwischen** …の間

5

定冠詞が名詞の表す人やものを「その…」と,特に強く指示しない場合,前置詞は定冠詞と融合して,次のような形になります.

| **am** < an dem | **im** < in dem | **zum** < zu dem |
| **ans** < an das | **ins** < in das | **zur** < zu der |

Wir essen heute in einem Restaurant am Rhein.
私たちはきょうライン川沿いのレストランで食事をします.

Unsere Familie geht gern ins Kino.
私たちの家族は映画に行くのが好きです.

Entschuldigung, wie komme ich zum Bahnhof?
すみませんが,駅にはどう行ったらよいのでしょうか?

55 実 践

時刻を尋ねてみよう！

☆ **Wie spät ist es jetzt?**

☆ Es ist neun Uhr.

56 時刻の言い方

 Es ist Viertel nach neun.
Es ist neun Uhr fünfzehn.

 Es ist zwanzig nach neun.
Es ist neun Uhr zwanzig.

 Es ist halb zehn.
Es ist neun Uhr dreißig.

 Es ist Viertel vor zehn.
Es ist neun Uhr fünfundvierzig.

 ◆上の例の時刻を下の図の時刻に代えて，役割練習をしましょう.

(1) **(2)** **(3)**

(4) **(5)** **(6)**

 ◆今何時かクラスメートに尋ねてみましょう.

文法補足　人称変化のバリエーション

1

語幹が -d/-tで終わる動詞は，du/er/ihrの場合，口調上のeを入れます.

arbeiten 働く

ich	arbeite	wir	arbeiten
du	arbeit**est**	ihr	arbeit**et**
Sie	arbeiten	Sie	arbeiten
er	arbeit**et**	sie	arbeiten

類例

warten 待つ
baden 風呂に入る

2

一部の動詞は，2・3人称単数で語幹の母音（幹母音）を変えます（巻末の不規則動詞変化表を参照）. なお，いずれの場合も，複数は規則変化します.

❶ a→ä

fahren 乗り物で行く

ich	fahre	wir	fahren
du	**fährst**	ihr	fahrt
Sie	fahren	Sie	fahren
er	**fährt**	sie	fahren

類例

schlafen 眠る

❷ e→i

sprechen 話す

ich	spreche	wir	sprechen
du	**sprichst**	ihr	sprecht
Sie	sprechen	Sie	sprechen
er	**spricht**	sie	sprechen

essen 食べる

❸ e→ie

lesen 読む

ich	lese	wir	lesen
du	**liest***	ihr	lest
Sie	lesen	Sie	lesen
er	**liest**	sie	lesen

sehen 見る

* liesstとss が重なるので s を一つ削除

3

habenとwerdenの人称変化

haben 持っている

ich	habe	wir	haben
du	**hast**	ihr	habt
Sie	haben	Sie	haben
er	**hat**	sie	haben

werden …になる

ich	werde	wir	werden
du	**wirst**	ihr	werdet
Sie	werden	Sie	werden
er	**wird**	sie	werden

Lektion 8

Ich stehe um halb acht auf.

～二つの部分に分かれる動詞（分離動詞）～

57 **Dialog 1**

☺ **Um wie viel Uhr gehst du ins Bett?**

☺ Ich gehe um elf Uhr ins Bett.
Und du?

☺ **Ich gehe um halb eins ins Bett.**

ネイティヴは

☺ **Um wie viel Uhr gehst du ins Bett?**
☺ **Um elf Uhr. Und du?**
☺ **Um halb eins.**

◆上の例で，役割練習をしましょう.
ins Bett が文末に置かれていることに注意しましょう.

💬 ある種の動詞は特定の語句と結合し，一つのまとまった意味を表します.
なお，動詞と語句の結び付きを示す場合，日本語のように，動詞を末尾に置いた
形を用います.

ins Bett gehen 　　　就寝する（くベッドの中に入る）
nach Hause gehen 　帰宅する
zu Abend essen 　　　夕食を食べる

💬 文を作る場合，動詞と一つのまとまった意味を表す語句は文末に置かれます.

Er **geht** immer sehr spät **ins Bett.**
　　彼はいつも大変遅くベッドに入ります.

Er **geht** immer sehr spät **nach Hause.**
　　彼はいつも大変遅く帰宅します.

Er **isst** heute mit Hans **zu Abend.**
　　彼はきょうハンスと夕食を食べます.

48

☻ **Um wie viel Uhr stehst du auf*?**

　☻ Ich stehe um halb acht auf.
　Und du?

☻ **Ich stehe um 9 Uhr auf.**

* aufstehen で調べる

 ネイティヴは

　☻ Um wie viel Uhr stehst du auf?
　☻ Um halb acht. Und du?
　☻ Um 9.

◈上の例の um halb acht／um 9 Uhr を次の語句と代えて，
役割練習をしましょう.

(1) um 6 Uhr／um halb neun

(2) um zehn Uhr／um 7 Uhr

(3) um 8 Uhr／um halb sieben

(4) um 9 Uhr／um halb acht

☻ **Wie viele Stunden siehst du fern*?**

　☻ Ich sehe ungefähr zwei Stunden fern.

* fernsehen で調べる

 ネイティヴは

　☻ Wie viele Stunden siehst du fern?
　☻ Ungefähr zwei Stunden.

◈上の例で，役割練習をしましょう.
また，上の例にならい，テレビをどのくらい見るか，クラスメートに尋ねて
みましょう. 全然見ない場合，Ich sehe gar nicht fern. と言います.

文 法

POINT ☆ Dialog のポイントは, **二つの部分に分かれる動詞** です.

Dialog 2 の stehen と auf, Dialog 3 の sehen と fern の意味を別々に調べても,
文の意味が成り立たないことを確認してください.
これらは, 一つの動詞が二つの部分に分かれたものです.

Ich **stehe** um neun Uhr **auf**.　　　　→ **aufstehen**（辞書の見出し語）

私は 9 時に起きます.　　　　　　　　　　　起きる

Ich **sehe** zwei Stunden **fern**.　　　　→ **fernsehen**（辞書の見出し語）

私は 2 時間テレビを見ます.　　　　　　　　テレビを見る

💬 辞書には二つの部分を一語にした形が見出し語として載っています.
一語にした場合, アクセントがかならず分離前つづりの上に置かれることを
確認しましょう.

1

主文の定形として用いられる場合, 前つづりと基礎動詞に分離する動詞があ
ります. 分離する前つづりを**分離前つづり**, 分離前つづりを持つ動詞を**分離
動詞**と呼びます. 辞書で意味を調べる場合, 分離前つづりを基礎動詞に付け
た形で引きます.

　　　基礎動詞　　　　　　　　　　　**分離前つづり**

　　　Hans　sieht　jeden Tag*　fern.　　ハンスは毎日テレビを見ます.

💬 副詞的 4 格

2

分離動詞を用いた文は, 次のようにして作ります.

★平叙文

語句を日本語と同じ順序で並べ, 基礎動詞のみを第 2 位に
置いて作ります. 分離前つづりは文末に置かれます.

ハンスは　　_____　　毎日　　　　テレビを見ます

Hans　　　_____　　jeden Tag　*fern* | sehen

Hans　　　sieht　　　jeden Tag　*fern*.
　　　　　第 2 位　　　　　　　　　文末

50

文 法

★決定疑問文

語句を日本語と同じ順序で並べ，基礎動詞のみを文頭に，
分離前つづりは文末に置いて作ります．

	ハンスは	毎日	テレビを見ます	か
＿＿＿＿＿	**Hans**	**jeden Tag**	*fern*|sehen	**?**

Sieht	**Hans**	**jeden Tag**	*fern*	**?**

★補足疑問文

語句を日本語と同じ順序で並べ，疑問詞を文頭に，
基礎動詞のみを第2位に，分離前つづりは文末に置いて作ります．

		ハンスは	いつ	テレビを見ます	か
＿＿＿	＿＿＿	**Hans**	**wann**	*fern*|sehen	**?**

Wann	**sieht**	**Hans**		*fern*	**?**

3 分離動詞は，基礎動詞を人称変化させて用います．

aufstehen 起きる

ich	stehe	... auf	wir	stehen	... auf
du	stehst	... auf	ihr	steht	... auf
Sie	stehen	... auf	Sie	stehen	... auf
er	steht	... auf	sie	stehen	... auf

なお，不規則に変化する動詞を基礎動詞とする場合は
やはり不規則に人称変化します．

fernsehen テレビを見る

ich	sehe	... fern	wir	sehen	... fern
du	siehst	... fern	ihr	seht	... fern
Sie	sehen	... fern	Sie	sehen	... fern
er	sieht	... fern	sie	sehen	... fern

sehen 見る

ich	sehe	wir	sehen
du	siehst	ihr	seht
Sie	sehen	Sie	sehen
er	sieht	sie	sehen

51

実 践

週末の予定を尋ねてみよう！

60 **Dialog**

☺ **Was hast du am Wochenende vor*?**

☺ Ich bleibe zu Hause und räume mein Zimmer auf. Und du?

☺ **Ich weiß noch nicht.**

* vorhaben で調べる

◆上の例にならい，週末の予定をクラスメートに尋ねてみましょう. **61**

◆勉強	**Deutsch lernen**	ドイツ語を学ぶ
	ein Referat schreiben	レポートを書く
	für die Prüfung lernen	試験のために学ぶ
	Hausaufgaben machen	宿題をする
◆遊びなど	**Sport treiben**	スポーツをする
	einen Ausflug machen	遠足をする
	eine Party machen	パーティーを開く
	Einkäufe machen	買い物をする
◆映画鑑賞など	**ins Kino gehen**	映画を見に行く
	ins Konzert gehen	コンサートに行く
	ins Museum gehen	美術館に行く
	ins Theater gehen	芝居を見に行く
◆その他	**aufräumen**	掃除をする
	Wäsche waschen	洗濯をする
	zu Hause bleiben	家にいる
	zu den Eltern fahren	親のところに行く
	nach Deutschland (Österreich/...) fahren	ドイツ（オーストリア／…）へ行く

62

ins Museum gehen

eine Party machen

einen Ausflug machen

Sport treiben

Deutsch lernen

zu Hause bleiben

実 践

Morgens wacht er um 6 Uhr auf und steht um 6 Uhr 15 auf.

aufwachen 目覚める　　　　　　　　　　**aufstehen** 起きる

Um 7 Uhr zieht er seine Hose und sein Hemd an und frühstückt.

anziehen 着る　　　　　　　　　　**frühstücken** 朝食をとる

Um 8 Uhr 30 verlässt er die Wohnung und fährt zur Universität.

verlassen 離れる　　　　　　　　　　**fahren** （乗り物で）行く

Abends um 6 Uhr kommt er zurück.

zurückkommen 戻る

Um 9 Uhr 55 geht er ins Bett und schläft um 10 Uhr 10 ein.

ins Bett gehen ベッドに入る　　　　　　　　**einschlafen** 眠りにつく

◆上の例にならい，一日の生活についてクラスメートに説明しましょう.

```
I  T  E  N  N  I  S  A  T  E  U  E  R  T
P  H  I  E  R  L  S  P  A  G  E  T  T  I
H  A  N  D  Y  W  M  F  N  U  H  A  U  S
F  U  S  B  S  F  Ä  E  T  K  F  L  T  C
R  T  E  E  A  I  D  L  E  A  X  T  E  H
A  O  W  G  E  S  C  H  Ä  F  T  K  L  T
G  S  P  R  E  C  H  E  N  F  G  I  E  E
E  U  R  O  N  H  E  L  T  E  R  N  F  N
N  Z  U  G  B  A  N  A  N  E  O  D  O  N
J  O  B  B  E  N  S  W  E  I  ß  E  N  I
P  O  F  A  H  R  R  A  D  S  A  E  I  S
```

単語の復習

いくつの単語を
見つけられますか？

```
A  G  E  L  D  P  I  Z  Z  A
C  O  L  A  L  S  G  O  E  C
P  L  Z  H  O  T  E  L  I  O
I  F  U  ß  B  A  L  L  T  M
K  A  M  E  R  A  B  O  U  P
O  M  A  I  U  H  R  N  N  U
C  I  F  E  D  A  N  K  G  T
H  L  Ü  F  E  R  I  E  N  E
E  I  R  B  R  I  L  L  E  R
N  E  N  E  I  N  H  O  S  E
```

Lektion 9

Ich will eine Reise machen.
~動詞を従える動詞（話法の助動詞）~

64 Dialog 1

☆ **Wir gehen heute Abend ins Kino. Möchtest du auch mitkommen?**

☆ Ja, gerne. 分離動詞
   Aber wer kommt noch mit?

◆上の例のins Kinoを次の語句と代えて，役割練習をしましょう.
   動詞mitkommenの使い方にも注意しましょう.

(1) **ins Konzert**   (2) **in die Weinstube**   (3) **ins Theater**

(4) **zum Uni-Fest**   (5) **zu einer Party**   (6) **in die Disco**

65 Dialog 2

☆ **Was willst du in den Ferien machen?**

☆ Ich will eine Reise machen.

◆上の例のeine Reise machenを次の語句に代えて，役割練習をしましょう.

(1) **nach Kyoto fahren**   (2) **zu meinen Eltern fahren**

(3) **nach Deutschland fliegen**   (4) **den Führerschein machen**

(5) **jobben und Geld verdienen**   (6) **jeden Tag Deutsch lernen**

Lektion 9

✪ Was möchtest du werden?

✪ Ich möchte Rechtsanwalt werden.

✪ Was möchtest du werden?

✪ Ich möchte Rechtsanwältin werden.

 ネイティヴは

✪ **Was möchtest du werden?**
　✪ **Rechtsanwalt.**
✪ **Was möchtest du werden?**
　✪ **Rechtsanwältin.**

 上の例のRechtsanwalt／Rechtsanwältinを下の単語と代えて，
クラスメートと役割練習をしましょう.
女性の場合，名詞の語尾が -in で終わっていることに注意しましょう.

(1) **Arzt/Ärztin** 　　　　　　　　　　医者

(2) **Lehrer/Lehrerin** 　　　　　　　　教師

(3) **Schauspieler/Schauspielerin** 　　俳優

(4) **Unternehmer/Unternehmerin** 　　企業家

(5) **Baseballspieler/Baseballspielerin** 　野球選手

(6) **Beamter/Beamtin** 　　　　　　　役人

(7) **Angestellter/Angestellte** 　　　　会社員

＊ (6) のBeamterと (7) は形容詞に準じた変化をします. 辞書を参照.

文法

 ☆ Dialog のポイントは，**話法の助動詞** です．

話法の助動詞と一緒に用いられる動詞（本動詞）が文末に置かれていることを確認してください．

┌── 話法の助動詞　　　　　　　　┌── 本動詞

Möchtest du　　auch **mitkommen**？
君も一緒に来たいですか？

Was　　**möchtest** du　**werden**　　？
君は何になりたいのですか？

1 話法の助動詞は，単数の場合，sollen/möchten を除き，
幹母音を変えて人称変化をします．なお，複数は規則変化です．

	können …できる	dürfen …してもよい	möchten …したい	müssen …しなければならない	sollen …すべきだ	wollen …つもりだ
ich	kann	darf	möchte	muss	soll	will
du	kannst	darfst	möchtest	musst	sollst	willst
Sie	können	dürfen	möchten	müssen	sollen	wollen
er	kann	darf	möchte	muss	soll	will
wir	können	dürfen	möchten	müssen	sollen	wollen
ihr	könnt	dürft	möchtet	müsst	sollt	wollt
Sie	können	dürfen	möchten	müssen	sollen	wollen
sie	können	dürfen	möchten	müssen	sollen	wollen

💬 ich と er のところが同じ形になることにも注意．

2 話法の助動詞の文は，次のようにして作ります．

★平叙文　語句を日本語と同じ順序で並べ，末尾の話法の助動詞を
第 2 位に置いて作ります．本動詞は，不定形のまま文末に置きます．

私は _____ 先生に　　なり　　たいです
ich _____ **Lehrer** *werden* *möchten*

Ich **möchte** **Lehrer** *werden.*　　話法の助動詞

文 法

★決定疑問文

語句を日本語と同じ順序で並べ，末尾の話法の助動詞を文頭に置いて作ります．本動詞は，不定形のまま文末に置きます．

	君は	先生に	なり	たいのです	か
_____	**du**	**Lehrer**	*werden*	möchten	**?**

Möchtest	**du**	**Lehrer**	*werden*		**?**

★補足疑問文

語句を日本語と同じ順序で並べ，疑問詞を文頭に，末尾の話法の助動詞を第2位に置いて作ります．
本動詞は，不定形のまま文末に置きます．

		君は	何に	なり	たいのです	か
_____	_____	**du**	**was**	*werden*	möchten	**?**

Was	**möchtest**	**du**		*werden*	**?**

3

★未来形

未来形は，不定詞とwerdenの組み合せによって作ります．
未来形の文は，話法の助動詞の文と同じように，語句を日本語の順序で並べ，末尾のwerdenを第2位に置いて作ります．
多くの場合，推測を表し，「…だろう／…でしょう」と訳します．

彼は		まもなく	来る	でしょう
Er	_____	**bald**	*kommen*	werden

Er	**wird**	**bald**	*kommen.*

不定詞は文末！

💬 **参照：疑問文**

Wird er bald kommen?	彼はまもなく来るでしょうか？
Wann wird er kommen?	彼はいつ来るでしょうか？

Lektion 9

実践

電話をかけてみよう！

 **67**   **Dialog**

✪ **Bei Berger.**

  ✪ Hier spricht Müller.
    Kann ich Frau Berger sprechen?

✪ **Nein, sie ist leider nicht da.**

  ✪ Danke, auf Wiederhören!

✪ **Auf Wiederhören!**

◆クラスメートにドイツ語で電話をかけてみましょう．   **68**

◆**Wer ist bitte am Apparat?**
  どちらさまですか？

◆**Ich möchte dringend mit Herrn* Müller Kontakt aufnehmen.**
  *Herr「…さん」の3格はHerrnになります．
  私はミュラーさんと至急お話をしたいのです．

◆**Leider kann er im Moment nicht ans Telefon kommen.**
  すみません，いま彼は手がはなせません．

◆**Möchten Sie am Apparat bleiben?**
  このままお待ちになりますか？

◆**Können Sie später noch einmal anrufen?**
  後でかけ直していただけますか？

◆**Ja, dann, auf Wiederhören!**
  はい．じゃ，またね．

◆**Vielen Dank für Ihren Anruf!**
  お電話ありがとうございます．

Lektion 9

橋渡し　三基本形

1 **不定詞**，**過去基本形**，**過去分詞**の3つの形を**三基本形**（三要形）と呼びます．
作り方に応じて規則動詞と不規則動詞に分かれます．

2 **規則動詞**は，語幹に -te を付けて過去基本形（「語幹＋-te」）を，
語幹の前後にge- と -tを付けて過去分詞（「ge-＋語幹＋-t」）を作ります．

不定詞		過去基本形	過去分詞
kaufen	買う	→ kaufte	→ gekauft
lernen	学ぶ	→ lernte	→ gelernt
spielen	（スポーツを）する	→ spielte	→ gespielt

また，語幹が -d ／ -tで終わる動詞の場合，過去基本形・過去分詞は
口調上のeを入れて作ります．したがって，過去基本形が「語幹＋-ete」，
過去分詞が「ge-＋語幹＋-et」になります．

arbeiten	働く	→ arbeitete	→ gearbeitet
baden	入浴する	→ badete	→ gebadet

類例 | öffnen | 開ける | → öffnete | → geöffnet |

3 **不規則動詞**は，幹母音を変えて過去基本形を作ります．語尾は付けません．
過去分詞は，多く幹母音も変わり，「ge-＋語幹＋-en」の形になります．

不定詞		過去基本形	過去分詞
essen	食べる	→ aß	→ gegessen
fahren	（乗り物で）行く	→ fuhr	→ gefahren
finden	見つける	→ fand	→ gefunden
gehen	行く	→ ging	→ gegangen
kommen	来る	→ kam	→ gekommen
schlafen	眠る	→ schlief	→ geschlafen
schließen	閉める	→ schloss	→ geschlossen
schreiben	書く	→ schrieb	→ geschrieben
treffen	会う	→ traf	→ getroffen

💬 不規則動詞の変化は巻末の不規則動詞変化表で暗記すること．

文法

なお，一部の動詞は，不規則動詞と同じように，幹母音を変える一方，
さらに規則動詞と同じ語尾を付けて，過去基本形と過去分詞を作ります．

不定詞		過去基本形	過去分詞
denken	考える	→ dachte	→ gedacht
wissen	知っている	→ wusste	→ gewusst

4 **分離動詞**の場合，過去基本形は，基礎動詞を過去形にして作ります．
過去分詞は，基礎動詞の過去分詞の前に前つづりを付けて作ります．
なお，当然のことながら，基礎動詞が規則動詞の時は規則変化，
不規則動詞の時は不規則変化になります．

不定詞		過去基本形		過去分詞
abfahren	出発する	→ fuhr	... ab	→ abgefahren
anrufen	電話をかける	→ rief	... an	→ angerufen
ankommen	到着する	→ kam	... an	→ angekommen
aufräumen	そうじをする	→ räumte	... auf	→ aufgeräumt
aufstehen	起きる	→ stand	... auf	→ aufgestanden
einschlafen	眠りにつく	→ schlief	... ein	→ eingeschlafen
fernsehen	テレビを見る	→ sah	... fern	→ ferngesehen

一口メモ

次のような前つづりを持つ動詞は，ge- を付けずに過去分詞を作ります．

be-	emp-	ent-	er-	ge-	ver-	zer-

不定詞		過去基本形	過去分詞	
besuchen	訪問する	→ besuchte	besucht	< gesucht
gefallen	気に入る	→ gefiel	gefallen	< gefallen
verkaufen	売る	→ verkaufte	verkauft	< gekauft

```
a  s  v  e  n  k  a  u  f  e  n  ü  b  e  n
r  t  a  s  u  c  h  e  n  s  i  n  g  e  n
m  e  r  s  c  h  l  a  f  e  n  w  h  a  s
e  h  p  e  s  r  a  x  a  h  a  b  e  n  p
l  e  r  n  e  n  q  u  h  e  c  h  i  r  r
a  n  k  o  m  m  e  n  r  n  f  u  ß  u  e
u  d  i  s  k  u  t  i  e  r  e  n  e  f  c
f  i  s  p  i  e  l  e  n  s  c  h  n  e  h
e  g  e  f  a  l  l  e  n  e  h  m  e  n  e
n  e  n  n  e  n  a  u  f  r  ä  u  m  e  n
```

不定詞を見つけ出し、
過去基本形と過去分詞を
書きましょう。

Lektion 10

Hast du schon dein Referat geschrieben?
~過去のことを表す動詞の形（現在完了形）~

69 Dialog 1

☺ **Hast du schon dein Referat geschrieben?**

   ☺ Ja, ich habe mein Referat schon geschrieben.

ネイティヴは

   ☺ **Hast du schon dein Referat geschrieben?**
   ☺ **Ja.**

◆上の例の dein Referat schreiben を次の語句に代えて，役割練習をしましょう.

(1) die Hausaufgaben machen   (2) ein Wörterbuch kaufen
(3) eine Freundin finden   (4) einen Job finden
(5) Frank anrufen   (6) zu Abend essen
(7) ein Geschenk für deinen Freund kaufen
(8) ein Geschenk für deine Freundin kaufen

70 Dialog 2

☺ **Was haben Sie am Sonntag gemacht?**
   ☺ **Ich habe Tennis gespielt.**
☺ **Ich habe auch Tennis gespielt!**

ネイティヴは

   ☺ Was haben Sie am Sonntag gemacht?
   ☺ Ich habe Tennis gespielt.
   ☺ Ich auch!

◆上の例の Tennis spielen を次の語句に代えて，役割練習をしましょう.

(1) Deutsch lernen   (2) Fußball spielen
(3) Freunde treffen   (4) ein Konzert besuchen
(5) Einkäufe machen   (6) zu Hause fernsehen

Lektion 10

64

Dialog 3

✪ Wohin ist Sabine gegangen?

✪ Sie ist in die Mensa gegangen.

ネイティヴは

✪ Wohin ist Sabine gegangen?
✪ In die Mensa.

💬 上の例のin die Mensaを次の語句に代えて，役割練習をしましょう.

(1) **in die Bibliothek**   (2) **in die Buchhandlung**
(3) **ins Kino**   (4) **ins Rockkonzert**
(5) **ins Kaufhaus**   (6) **zur Post**
(7) **zu ihrer Freundin**   (8) **nach Hause**

Dialog 4

✪ Ist Hans schon nach Hause gegangen?

✪ Ja, vor 10 Minuten.

💬 上の例のHans／nach Hause gehenを次の語句に代えて，役割練習をしま
しょう．なお，答えの部分は，自分で考え，適当な時間を言いましょう.

(1) **Peter/nach Hause kommen**   (2) **Hans/zur Uni fahren**
(3) **Sabine/aufstehen**   (4) **das Kind/einschlafen**
(5) **der Zug/ankommen**   (6) **der Zug/abfahren**

Lektion 10

文法

POINT·····〉 ☆ Dialog のポイントは **現在完了** です.

定形の動詞として haben あるいは sein が用いられ,
文末に過去分詞が置かれていることを確認してください.

Ich **habe** mein Referat schon *geschrieben*.　私はもうレポートを書きました.
Sie **ist**　in die Mensa　*gegangen*.　彼女は学食に行きました.

1　現在完了形は,「過去分詞＋haben (sein)」を基にして,次のようにして作ります.

★平叙文

語句を日本語の順序で並べ,完了の助動詞haben (あるいはsein) を
定形にして第2位に,過去分詞は文末に置いて作ります.

私は		昨日	テニスを	しまし	た
ich	___	gestern	Tennis	*gespielt*	haben

Ich habe gestern Tennis *gespielt*.

★決定疑問文

語句を日本語の順序で並べ,助動詞haben (あるいはsein) を
文頭に,過去分詞を文末に置いて作ります.

	君は	昨日	テニスを	しまし	た	か
___	du	gestern	Tennis	*gespielt*	haben	?

Hast du gestern Tennis *gespielt*　?

★補足疑問文

語句を日本語と同じ順序で並べ,疑問詞を文頭に,
助動詞haben (あるいはsein) を第2位に置いて作ります.

		君は	昨日	何を	しまし	た	か
___	___	du	gestern	was	*gemacht*	haben	?

Was hast du gestern *gemacht*　?

2

自動詞のうち，次のものがseinによって完了形を作ります．

❶ 場所の移動を表す動詞

> **gehen** 行く   **kommen** 来る   **abfahren** 出発する

❷ 状態の変化を表す動詞

> **werden** …になる   **einschlafen** 寝入る   **aufstehen** 起床する

❸ 例外

> **sein** …である   **bleiben** 留まる

Er **ist** gestern nach Berlin **gefahren**.	彼は昨日ベルリンへ行きました．
Ich **bin** heute um 5 Uhr **aufgestanden**.	私はきょう5時に起きました．
Sie **ist** noch nie* im Ausland **gewesen**.	彼女はまだ一度も外国へ行ったことが ありません．

* nicht の強意形

3

過去のことを述べる場合，現在完了形は日常会話で，過去形は小説や物語に好んで用いられます．なお，ドイツ語では，gestern「昨日」のような，過去の時点を表す語句も現在完了形とともに用いることができます（上例参照）．

現在完了形と過去形（69ページ参照）の相違

現在完了形は，過去の出来事を現在と関連づけながら述べる場合に，過去形は，現在との関係を断ち切り，過去の出来事を思い出しながら描写する場合に用います．たとえば，子供が泥棒の入って来るのを偶然カーテンの後ろで目撃したとき，子供はそのことを母親に述べるのに，現在完了形を用います．それは「怖かった」という感情が発話の中心に置かれ，出来事を現在の立場から**述べる**からです．それに対し，後で警察などにそのことを目撃談として伝えるとき，子供は過去形を用います．それは，目の前で生じたことを思い出しつつ自分の感情とは別に，（自分を過去の時点に置き直して）客観的に**描写する**ことが要求されるからです．このような相違のため，大ざっぱに，日常会話では現在完了形が，小説や昔話では過去形が用いられるのです．

実 践

休暇に何をしたか尋ねてみよう！

(73) Dialog

⭐ **Was hast du in den Ferien gemacht?**

⭐ Ich habe jeden Tag Deutsch gelernt.
Und du?

⭐ **Ich bin mit dem Fahrrad durch Deutschland gefahren.**

◆練習：上の例のjeden Tag Deutsch lernen／mit dem Fahrrad durch Deutschland fahrenを次の語句に代えて，役割練習をしましょう。

(1) jeden Tag Englisch lernen／eine Reise nach England machen

(2) in der Bibliothek arbeiten／meinen Onkel in Japan besuchen

(3) im Supermarkt jobben／mit dem Fahrrad durch Österreich fahren

◆上の例にならって，クラスメートに休暇中に何をしたかを尋ねてみましょう。
答える人はウソでもいいです。

橋渡し　過去形

(74)　Dialog

☺ **Warum bist du gestern nicht gekommen?**

　☺ Ich war krank, ich hatte Fieber und Kopfschmerzen.

1

過去人称変化は，過去基本形に次のような人称語尾を付けます．
なお，過去基本形が -e で終わっているものには n のみを付けます．

ich	—	wir	—[e]n
du	—st	ihr	—t
Sie	—[e]n	Sie	—[e]n
er	—	sie	—[e]n

lernen 学ぶ → lernte

ich	lernte	wir	lernten
du	lerntest	ihr	lerntet
Sie	lernten	Sie	lernten
er	lernte	sie	lernten

können …ができる → konnte

ich	konnte	wir	konnten
du	konntest	ihr	konntet
Sie	konnten	Sie	konnten
er	konnte	sie	konnten

sein …である → war

ich	war	wir	waren
du	warst	ihr	wart
Sie	waren	Sie	waren
er	war	sie	waren

haben 持っている → hatte

ich	hatte	wir	hatten
du	hattest	ihr	hattet
Sie	hatten	Sie	hatten
er	hatte	sie	hatten

2

過去形は主に小説などで用いられるのですが，sein, haben,
話法の助動詞は日常会話でも過去形で用いられます．

Lektion 11

Ich habe ein sehr gutes Wörterbuch.
~形容詞の形（形容詞の格変化）~

☺ **Hast du ein Wörterbuch?**

☺ Ja, ich habe ein sehr gutes Wörterbuch.

ネイティヴは

☺ **Hast du ein Wörterbuch?**
☺ **Ja, ein sehr gutes*.**

*形容詞の後ろの名詞は省略することができます.

◆上の例のWörterbuch / sehr gutを次の語句に代えて，役割練習をしましょう.　**76**
（**r**の場合は形容詞に -en を，**e**の場合は -e を，**s**の場合は -es を付けます）

(1) s Notebook/sehr klein

(2) e Kamera/ganz klein

(3) r Fernseher/ganz alt

(4) s Fahrrad/ganz neu

(5) r Freund/sehr gut

(6) e Freundin/sehr nett

✪ **Was trinken Sie gern?**
　✪ Ich trinke gern heißen Tee.

ネイティヴは
　✪ Was trinken Sie gern?
　✪ Heißen Tee.

◆上の例のheißen Teeを次の語句に代えて，役割練習をしましょう．
下線部に語尾を補いなさい.

(1) grün__ Tee　　**(2) stark__ Kaffee**　　**(3) rot__ Wein**

(4) kalt__ Bier　　**(5) frisch__ Milch**　　**(6) alkoholfrei__ Getränke**
　　　　　　　　　　　　　　　　　　　　　　　　　　（複数）

✪ **Mögen Sie diesen deutschen Wein?**
　✪ Ja, dieser deutsche Wein ist sehr gut.

ネイティヴは
　✪ Mögen Sie diesen deutschen Wein?
　✪ Ja, er* ist sehr gut.

　＊男性名詞はer，女性名詞はsie，中性名詞はesで受けます.

◆上の例のdiesen deutschen Wein／dieser deutsche Weinを次の語句に代えて，
役割練習をしましょう．下線部に語尾を補いなさい.

(1) diesen japanisch__ Tee/dieser japanisch__ Tee

(2) diese deutsch__ Wurst*　　　　＊女性名詞の場合1格・4格が同形

(3) diese deutsch__ Torte

(4) dieses deutsch__ Bier**　　　　＊＊中性名詞の場合1格・4格が同形

(5) dieses deutsch__ Brot

Lektion 11

文法

POINT ☆ Dialog のポイントは，**名詞に付く形容詞の形**です.

形容詞に付く格語尾（太字体の部分）の形が名詞の性・数・格，そして前に冠詞などがあるかないかに応じて異なることを確認しましょう.

冠詞類	形容詞	名詞		
ein	gut**es**	Wörterbuch	よい辞書を	← 中性 4 格
	heiß**en**	Tee	熱いお茶を	← 男性 4 格
dieser	deutsch**e**	Wein	このドイツワインは	← 男性 1 格
diesen	deutsch**en**	Wein	このドイツワインを	← 男性 4 格

1 **冠詞を伴わない**場合，（男性・中性の 2 格を除き）dieser と同じ語尾を付けます.

	男性 緑茶		女性 新鮮なミルク	
1 格	grün**er**	Tee	frisch**e**	Milch
2 格	grün**en**	Tees	frisch**er**	Milch
3 格	grün**em**	Tee	frisch**er**	Milch
4 格	grün**en**	Tee	frisch**e**	Milch

	中性 冷たいビール		複数 ノンアルコールの飲み物	
1 格	kalt**es**	Bier	alkoholfrei**e**	Getränke
2 格	kalt**en**	Bieres	alkoholfrei**er**	Getränke
3 格	kalt**em**	Bier	alkoholfrei**en**	Getränken
4 格	kalt**es**	Bier	alkoholfrei**e**	Getränke

参照

dies**er**	dies**e**	dies**es**	dies**e**
dies**es**	dies**er**	dies**es**	dies**er**
dies**em**	dies**er**	dies**em**	dies**en**
dies**en**	dies**e**	dies**es**	dies**e**

2

不定冠詞，所有冠詞，否定冠詞と共に用いられる場合，男性1格で -er，女性1格・4格で -e，中性1格・4格で -es の語尾を付け（dieser と同じ語尾），他は -en の語尾を付けます．

男性
私の古いコンピュータ

1格	mein	alter	Computer
2格	meines	alten	Computers
3格	meinem	alten	Computer
4格	meinen	alten	Computer

女性
君の新しいカメラ

deine	neue	Kamera
deiner	neuen	Kamera
deiner	neuen	Kamera
deine	neue	Kamera

中性
彼の新しい携帯電話

1格	sein	neues	iPhone
2格	seines	neuen	iPhones
3格	seinem	neuen	iPhone
4格	sein	neues	iPhone

複数
私たちのよい友人たち

unsere	guten	Freunde
unserer	guten	Freunde
unseren	guten	Freunden
unsere	guten	Freunde

3

定冠詞，dieser，welcher，jeder と共に用いられる場合，男性1格，女性・中性の1格・4格の5ケ所で -e の語尾を付け，他は -en の語尾を付けます．

男性
そのドイツのワイン

1格	der	deutsche	Wein
2格	des	deutschen	Weines
3格	dem	deutschen	Wein
4格	den	deutschen	Wein

女性
そのドイツのソーセージ

die	deutsche	Wurst
der	deutschen	Wurst
der	deutschen	Wurst
die	deutsche	Wurst

中性
その冷たいビール

1格	das	kalte	Bier
2格	des	kalten	Bieres
3格	dem	kalten	Bier
4格	das	kalte	Bier

複数
その親切な人々

die	netten	Leute
der	netten	Leute
den	netten	Leuten
die	netten	Leute

実 践

誕生日や日付を尋ねてみよう!

(79) **Dialog 1**

☆ **Wann ist Ihr Geburtstag?**

☆ Der ist am siebzehnten. März.

◆上の例にならい，クラスメートに誕生日を尋ねてみましょう.　(80)

序 数　☆「1」から「19」は原則的に「基数＋ -t」

1	ein	→	1. erst		2	zwei	→	2. zweit
3	drei	→	3. dritt		4	vier	→	4. viert
5	fünf	→	5. fünft		6	sechs	→	6. sechst
7	sieben	→	7. siebt		8	acht	→	8. acht
9	neun	→	9. neunt		10	zehn	→	10. zehnt
11	elf	→	11. elft		12	zwölf	→	12. zwölft
13	dreizehn	→	13. dreizehnt		14	vierzehn	→	14. vierzehnt
15	fünfzehn	→	15. fünfzehnt		16	sechzehn	→	16. sechzehnt
17	siebzehn	→	17. siebzehnt		18	achtzehn	→	18. achtzehnt
19	neunzehn	→	19. neunzehnt					

☆「10の位の数」と「それらの間の数」は「基数＋ -st」

20	zwanzig	→	20. zwanzigst		30	dreißig	→	30. dreißigst
40	vierzig	→	40. vierzigst		50	fünfzig	→	50. fünfzigst
60	sechzig	→	60. sechzigst		70	siebzig	→	70. siebzigst
80	achtzig	→	80. achtzigst		90	neunzig	→	90. neunzigst

21. einundzwanzigst	22. zweiundzwanzigst
33. dreiunddreißigst	34. vierunddreißigst
44. vierundvierzigst	45. fünfundvierzigst

81 Dialog 2

⭐ **Den Wievielten haben wir heute?**
　⭐ Heute haben wir den fünfzehnten August.

類例
　⭐ **Der Wievielte ist heute?**
　　⭐ **Heute ist der 15*. August.**
　⭐ **Welcher Tag ist heute?**
　　⭐ **Heute ist Donnerstag.**

* fünfzehnten

◆上の例にならい，クラスメートにきょうが何日か，何曜日か尋ねてみましょう。

82

月名
1月	Januar	2月	Februar	3月	März
4月	April	5月	Mai	6月	Juni
7月	Juli	8月	August	9月	September
10月	Oktober	11月	November	12月	Dezember

曜日
月曜日	Montag	火曜日	Dienstag
水曜日	Mittwoch	木曜日	Donnerstag
金曜日	Freitag	土曜日	Sonnabend/Samstag
日曜日	Sonntag		

Lektion 12
Wer ist fleißiger, Frank oder Werner?
～人や事物を比べる表現（比較級，最高級）～

83 Dialog 1

☺ **Wer ist fleißiger, Frank oder Werner?**

☺ Frank ist fleißiger als Werner.

ネイティヴは

☺ Wer ist fleißiger, Frank oder Werner?
☺ Frank.

◆上の例のfleißigerを次の単語に代えて，役割練習をしましょう.

(1) klüger (klug)   (2) begabter (begabt)

(3) netter (nett)   (4) freundlicher (freundlich)

(5) jünger (jung)   (6) älter (alt)

84 Dialog 2

☺ **Ist Frank fleißiger als Werner?**

☺ Ja, er ist am fleißigsten von uns*.   *＝私たちの中で

◆上の例のfleißiger/fleißigstを次の単語に代えて，役割練習をしましょう.

(1) fauler/faulst   (2) klüger/klügst

(3) netter/nettest   (4) älter/ältest

(5) jünger/jüngst   (6) begabter/begabtest

Lektion 12

✪ **Spielt Frank besser Tennis als die anderen*?**

   ✪ Ja, er spielt von uns am besten Tennis.

                                                    * ＝他の人たち

 ◆上の例のTennis spielenを次の語句に代えて，役割練習をしましょう.

   (1) Tischtennis spielen   (2) Fußball spielen

   (3) Baseball spielen   (4) schwimmen

   (5) kochen   (6) tanzen

✪ **Dieses Handy ist mir* zu teuer.**

   ✪ Leider haben wir kein billigeres iPhone.

                                                    * ＝私には

 ◆上の例のiPhone/teuer/billigを次の単語に代えて，役割練習をしましょう.

   (1) s Ticket/teuer/billig   **(2) s Fahrrad/teuer/billig**

   (3) e Kamera/teuer/billig   **(4) r Mantel/groß/klein**

   (5) e Jacke/groß/klein   **(6) Schuhe**（複数形）**/groß/klein**

文 法

POINT ✔

☆ Dialog のポイントは「他のものより…だ」（**比較級**）とか
「3つ以上のものの間でもっとも…だ」（**最高級**）とか言う時の形容詞，副詞の形です.

一部ウムラウトをしたりしますが，比較級の場合，本来の形容詞（原級）の形に -er が，
最高級の場合，-st が付いていることを確認してください.

Frank ist fleißig**er** als Werner. ← 比較級
フランクの方がヴェルナーより勤勉です.

Frank ist am fleißig**st**en von uns. ← 最高級
フランクは私たちの中で一番勤勉です.

また，名詞に付けて用いる場合，形容詞と同じように，格語尾が付いています.

比較級
Wir haben kein billig-**er**-es iPhone.
格語尾
私たちはこれより安いアイフォーンを持っておりません.

1

比較級は原級に -er，**最高級**は -st を付けて作ります.
1音節の形容詞はたいていウムラウトします.
なお，不規則に変化する形容詞もあります.

		比較級	最高級
billig	安い	billig**er**	billig**st**
faul	怠け者の	faul**er**	faul**st**
fleißig	勤勉な	fleißig**er**	fleißig**st**
freundlich	親切な	freundlich**er**	freundlich**st**
klein	小さい	klein**er**	klein**st**
teuer	高い	teuer**er***	teuer**st**
··· ウムラウト ···			
jung	若い	jüng**er**	jüng**st**
klug	賢い	klüg**er**	klüg**st**
groß	大きい	größ**er**	größ**t**

💬 teuerer ではなく，語幹末尾の e を省いて teurer となります.

文 法

		比較級	最高級
… 口調上の e			
begabt	才能がある	begab**ter**	begab**test***
nett	親切な	nett**er**	nett**est**
alt	年をとった	äl**ter**	ält**est**
kurz	短い	kürz**er**	kürz**est**
… 不規則			
gut	良い	bess**er**	be**st**
viel	多い	meh**r**	mei**st**

💬 [t]，[ts] で終わる形容詞の最高級の語尾は -est になります．

2 比較級・最高級を**名詞に付けて**用いる場合，原級の場合と同一の格語尾（→ 72，73 ページ）を付けます．

> ein klein**eres** iPhone　より小さなアイフォーン　< ein klein**es** iPhone
> das klein**ste** iPhone　一番小さいアイフォーン　< das klein**e** iPhone

💬 最高級にはふつう定冠詞を付けます．

3 **二つのもの**を比べて「…より…だ」と言う場合，比較級（+ als ...）という形を用います．

> Hans ist **größer** als Thomas.　ハンスはトーマスよりも背が高いです．
>
> Mein VW ist **billiger** als sein Mercedes.
> 　僕のフォルクスワーゲンは彼のベンツより安いです．　　💬 VW=［ファオ**ヴェ**ー]，
> 　　　　　　　　　　　　　　　　　　　　　　　　　　　　Mercedes= ［メル**ツェ**ーデス]

4 **三つ以上のもの**を比べて，「一番…だ」と言う場合は，「am ＋原級＋ -sten」という形を用います．

> Sie ist **am fleißigsten** in der Klasse.　彼女はクラスで一番勤勉です．

5 **副詞の比較級**は「原級＋ -er」，最高級は「am ＋原級＋ -sten」によって作ります．

> Er läuft **schneller** als ich.　　　　　彼は僕よりも速く走ります．
> Dieses Auto fährt **am schnellsten**.　この自動車が一番速く走ります．

Lektion 12

実 践

何が一番好きか尋ねてみよう！

87 **Dialog 1**

✪ **Was trinkst du am liebsten?**
　✪ Ich trinke am liebsten Cola.
　Und du?
✪ **Ich trinke am liebsten Bier.**

　◆上の例にならい，クラスメートに尋ねてみましょう.

Wein	Weißwein	Rotwein	Bier
Weizenbier	Radler	Tee	Kaffee
Saft	Apfelsaft	Tomatensaft	Cola

88 **Dialog 2**

✪ **Was isst du am liebsten?**
　✪ Hamburger.
　Und du?
✪ **Steak.**

　◆上の例にならい，隣のクラスメートに尋ねてみましょう.

Hähnchen	Schnitzel	Pizza	Spaghetti
Wurst	Currywurst	Forelle	Püree
Gulaschsuppe	Fisch	Sushi	Maultaschen

Hähnchen

Schnitzel

Maultaschen

Wurst

Currywurst

Forelle

Püree

Gulaschsuppe

Lektion 13

Das Geschäft wird um 7 Uhr geöffnet.
〜「…される」ことを表す動詞の形（受動形）と副文を作る接続詞（従属接続詞）〜

89 Dialog 1

❂ **Wann wird das Geschäft geöffnet?**

    ✪ Das Geschäft wird um 7 Uhr geöffnet.

ネイティヴは

❂ **Wann wird das Geschäft geöffnet?**
    ❂ **Um 7 Uhr.**

◆上の例のGeschäftなどを次の語句に代えて，役割練習をしましょう。

(1) um wie viel Uhr/das Geschäft/schließen/19 Uhr

(2) um wie viel Uhr/das Kaufhaus/öffnen/9 Uhr

(3) wann/das Kaufhaus/schließen/18 Uhr

(4) wann/das Museum/öffnen/10 Uhr

(5) wann/das Museum/schließen/16 Uhr

Lektion 13

90 **Dialog 2**

✪ **Wann wurde dieser Tempel erbaut?**
　✪ Er wurde 607* erbaut.

* sechshundertsieben

ネイティヴは

　✪ Wann wurde dieser
　　Tempel erbaut?
　✪ Im Jahre 607.

◆上の例の Tempel／年号を次のものに代えて，役割練習をしましょう．

(1) **diese Kirche/1725*** 　　　　(2) **dieser Schrein/1872**

(3) **dieses Museum/1923** 　　　　(4) **dieses Opernhaus/1997**

* siebzehnhundertfünfundzwanzig のように読みます．

---

91 **Dialog 3**

✪ **Wissen Sie, um wie viel Uhr der Kaufhof* geöffnet wird?**
　✪ Nein, ich weiß es nicht genau,
　　aber ich glaube um 9 Uhr.

* ＝デパート名

◆上の例の Kaufhof などを次の語句に代えて，役割練習をしましょう．

(1) **das Museum/öffnen/10 Uhr**

(2) **das Kaufhaus/öffnen/9 Uhr**

(3) **das Kaufhaus/schließen/18 Uhr**

(4) **das Museum/schließen/16 Uhr**

(5) **der Zoo/schließen/19 Uhr**

Lektion 13

文法

POINT ☆ Dialog のポイントは，「…される」という文（**受動文**）です．
定形の動詞として werden が用いられ，文末に過去分詞が置かれていることを確認してください．

過去分詞文末

Das Geschäft **wird** um 7 Uhr *geöffnet*.
店は7時に開けられます．

Der Tempel **wurde** 607 *erbaut*.
その寺院は607年に建てられました．

---

1 受動文は，「過去分詞＋werden」を基に次のようにして作ります．

★平叙文

語句を日本語の順序で並べ，受動の助動詞 werden を第2位に，
過去分詞は文末に置いて作ります．

美術館は		9時に	開け	られます
das Museum		**um 9 Uhr**	*geöffnet*	werden

Das Museum **wird** **um 9 Uhr** *geöffnet*.

★決定疑問文

語句を日本語の順序で並べ，受動の助動詞 werden を文頭に，
過去分詞を文末に置いて作ります．

	美術館は	9時に	開け	られます	か
	das Museum	**um 9 Uhr**	*geöffnet*	werden	?

Wird **das Museum** **um 9 Uhr** *geöffnet* ?

★補足疑問文

語句を日本語の順序で並べ，疑問詞を文頭に，
受動の助動詞を第2位に，過去分詞を文末に置いて作ります．

		美術館は	いつ	開け	られます	か
		das Museum	**wann**	*geöffnet*	werden	?

Wann **wird** **das Museum** *geöffnet* ?

文 法

2 受動形の人称変化（loben「ほめる」）

❶ 現在形 werden の現在人称変化と過去分詞を結び付けます．

ich	werde		wir	werden	
du	wirst		ihr	werdet	
Sie	werden	... gelobt	Sie	werden	... gelobt
er	wird		sie	werden	

Er wird vom Lehrer gelobt.　　　彼は先生にほめられます．

❷ 過去形 werden の過去人称変化と過去分詞を結び付けます．

ich	wurde		wir	wurden	
du	wurdest		ihr	wurdet	
Sie	wurden	... gelobt	Sie	wurden	... gelobt
er	wurde		sie	wurden	

Er wurde vom Lehrer gelobt.　　　彼は先生にほめられました．

❸ 過去完了形 werden の現在完了人称変化と過去分詞を結び付けます．
なお，werden の過去分詞は worden になります．

ich	bin		wir	sind	
du	bist		ihr	seid	
Sie	sind	... gelobt worden	Sie	sind	... gelobt worden
er	ist		sie	sind	

Er ist vom Lehrer gelobt worden.　　彼は先生にほめられました．

3

「他動詞の過去分詞＋sein」の組み合わせは，「…されている」という
結果状態を表します．この形を**状態受動**と呼びます．

Das Geschäft ist heute geöffnet.　　　店はきょう開いています．
Das Geschäft ist heute geschlossen.　　店はきょう閉まっています．

85

文 法

POINT⤳ ☆ Dialog のもう一つのポイントは，文に従属する文（副文）です．

疑問文 Um wie viel Uhr wird das Geschäft geöffnet? を Wissen Sie, ... につなげた
下例では，疑問詞が先頭に，定形の動詞が文末に置かれていることを確認してください．

┌── 文頭   ┌── 文末

Wissen Sie, **um wie viel Uhr** das Geschäft geöffnet *wird*?
店が何時に開けられるかご存知ですか？

1

一つの文をもう一つの文に従属させる接続詞を**従属接続詞**と呼び，従属接続
詞に導かれる文を**副文**と呼びます．副文では従属接続詞を文頭に，定形の動
詞を文末に置きます．主文と副文はコンマで区切ります．

★従属接続詞

als	…した時に	**bevor**	…する前に	**da**	…なので
dass	…ということ	**ob**	…かどうか	**weil**	…なので
wenn	もし…ならば				

┌── 従属接続詞   ┌── 定形の動詞

Wissen Sie, **ob** das Geschäft noch geöffnet **ist**?
店はまだ開いているかどうか知っていますか？

Was machst du, **wenn** du mehr Geld **hast**?
もっとお金があれば，君は何をしますか？   └── 定形の動詞

└── 従属接続詞

2

主文に従属した疑問文（**間接疑問文**）も，副文として扱われます．
疑問詞が先頭に，定形の動詞が文末に置かれます．

Wissen Sie, um wie viel Uhr das Geschäft geöffnet wird?
店は何時に開けられるか知っていますか？

← 〔直接疑問文〕Um wie viel Uhr wird das Geschäft geöffnet?
店は何時に開けられますか？

話されている言語について尋ねてみよう！

92 **Dialog**

⭐ **Welche Sprache wird in Japan gesprochen?**

⭐ In Japan wird Japanisch gesprochen.

💬 ◆上の例にならい，それぞれの国でどの言語が話されているかクラスメートに **93**
尋ねてみましょう．

England	Frankreich	Österreich	China
Englisch	Französisch	Deutsch	Chinesisch

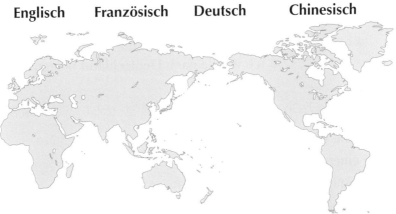

Spanien	Italien	Südkorea	*die* USA
Spanisch	Italienisch	Koreanisch	Englisch

ドイツの国旗

オーストリアの国旗

スイスの国旗

Lektion 14

Wenn ich mehr Geld hätte, ...

~非現実的なことを表す動詞の形（接続法第２式）~

94 Dialog 1

☺ **Was würdest du machen,
wenn du mehr Geld hättest?**

☺ Wenn ich mehr Geld hätte,
würde ich nach Deutschland fliegen.

ネイティヴは

☺ Was würdest du machen,
wenn du mehr Geld hättest?
☺ Ich würde nach Deutschland fliegen.

◆上の例のnach Deutschland fliegenを次の語句に代えて，役割練習をしましょう．

(1) eine Weltreise machen

(2) einen Sportwagen kaufen

(3) ein neues iPhone kaufen

(4) ein deutsches Wörterbuch kaufen

(5) dich zu einer Deutschlandreise einladen

(6) euch alle zur Weltreise einladen

比 較

Was würdest du machen, wenn du mehr Geld hättest?
　—Was machst du, wenn du mehr Geld hast?

Wenn ich mehr Geld hätte, würde ich nach Deutschland fliegen.
　—Wenn ich mehr Geld habe, werde ich nach Deutschland fliegen.

88

⚙ **Was würdest du machen,
wenn du mehr Zeit hättest?**

⚙ Wenn ich mehr Zeit hätte,
würde ich mehr Sport treiben.

ネイティヴは

⚙ Was würdest du machen,
wenn du mehr Zeit hättest?
⚙ Ich würde mehr Sport treiben.

◆上の例の mehr Sport treiben を次の語句に代えて，役割練習をしましょう.

(1) jobben und Geld sparen

(2) jobben und nach Deutschland reisen

(3) noch mehr Bücher lesen

(4) noch fleißiger Deutsch lernen

(5) jeden Tag* mein Zimmer aufräumen　　　*＝毎日

(6) jeden Tag für meine Freundin kochen

参 照

Was würdest du machen, wenn du mehr Zeit hättest?
　—Was machst du, wenn du mehr Zeit hast?
Wenn ich mehr Zeit hätte, würde ich mehr Sport treiben.
　—Wenn ich mehr Zeit habe, werde ich mehr Sport treiben.

Lektion 14

文 法

POINT ☆ Dialog のポイントは，「もし…だったら，…」という**非現実のことを表す文**です．
動詞の形がすでに学んだ過去形と似ていること（でもやはり異なっていること）を
確認してください．

Was **würdest** du machen, …?　　← **wurde**（werden の過去形）
　　…，君は何をしますか？

…, wenn du mehr Geld **hättest?**　　← **hatte**　（haben の過去形）
　もしお金をもっと持っていたならば，…

1 接続法には**第1式**と**第2式**の2種類があります．
接続法第1式は予習用学生教材で説明します．

2 **接続法第2式**は，規則動詞と不規則動詞で，人称変化の仕方が異なります．

★規則動詞　人称変化は，既に学んだ（直説法）過去（69 ページ）と
全く同じ形になります．

kaufen 買う → kaufte			
ich —**te** kaufte	wir —**te**n kauften
du —**te**st kauftest	ihr —**te**t kauftet
Sie —**te**n kauften	Sie —**te**n kauften
er —**te** kaufte	sie —**te**n kauften

★不規則動詞

過去基本形の幹母音を，ウムラウトが可能
ならばウムラウトさせ，右の人称語尾を付
けます．

ich —e	wir —en
du —est	ihr —et
Sie —en	Sie —en
er —e	sie —en

ただし，過去基本形が -e で終わっている場合
（たとえばhatte→hätte，wurde→würde）
は，右上の表の語尾からeを省いたものにな
ります．

ich —	wir —n
du —st	ihr —t
Sie —n	Sie —n
er —	sie —n

Lektion 14

90

文 法

具体的な例を見てみましょう.

不定形	gehen 行く	kommen 来る	sein …である	haben 持っている	werden …になる
過去基本形	ging	kam	war	hatte	wurde
ich	ginge	käme	wäre	hätte	würde
du	gingest	kämest	wärest	hättest	würdest
Sie	gingen	kämen	wären	hätten	würden
er	ginge	käme	wäre	hätte	würde
wir	gingen	kämen	wären	hätten	würden
ihr	ginget	kämet	wäret	hättet	würdet
Sie	gingen	kämen	wären	hätten	würden
sie	gingen	kämen	wären	hätten	würden

3 接続法第2式は，**非現実の事柄**を表す場合に用います.

> Wenn ich Geld **hätte**, **kaufte** ich ein neues iPhone.
> もしお金があれば，新しいアイフォーンを買うのだが.
> (→ お金がないから，買えない)
>
> Wenn ich Zeit **hätte**, **ginge** ich ins Konzert.
> 時間があれば，コンサートに行くのだが.
> (→ 時間がないから，行けない)

4 接続法第2式は，現代ドイツ語の傾向として，よく「**würde＋不定形**」によって
書き換えます．規則動詞の場合は，第2式の形が（直説法）過去の形と同じになる
ので，特にwürdeの形式が好まれます.

> Wenn ich Geld hätte, **würde** ich ein neues iPhone kaufen.
> Wenn ich Zeit hätte, **würde** ich ins Konzert gehen.

実 践

丁寧に頼んでみよう！

96 **Dialog**

⭐ **Entschuldigen Sie,
könnten* Sie mir bitte helfen?**

⭐ Ja, gerne!

* 接続法第2式は，ごく丁寧にお願いをしたりする場合にも用
います．

◆上の例の mir bitte helfen を次の語句と代えて，役割練習をしましょう．

(1) mir bitte einen Euro leihen

(2) mir bitte Ihren Stift leihen

(3) mir ein gutes Restaurant hier in der Nähe empfehlen

(4) mir bitte sagen, wo die Universität ist

(5) mir bitte sagen, wie ich zum Bahnhof komme

★接続法第2式を用いた丁寧な言い方★

97

① …してもいいですか？

Könnte* ich bitte noch einen Kaffee haben?
コーヒーをもう一杯いただけませんか？

② …してくれれば，ありがたいのですが．

Ich wäre Ihnen sehr dankbar,

wenn Sie mich heute Abend anrufen würden.
今晩お電話をいただければ，とてもありがたいのですが．

③ …するのはいかがでしょうか？

Wie wäre es, wenn wir zusammen zu Abend essen würden?
夕食を一緒にするのはいかがでしょうか？

* **können** の接続法第2式

ich	könnte	wir	könnten
du	könntest	ihr	könntet
Sie	könnten	Sie	könnten
er	könnte	sie	könnten

主要不規則動詞変化表

不定詞	直説法現在	過去基本型	接続法 第2式	過去分詞
befehlen 命ずる	*du* befiehlst *er* befiehlt	**befahl**	beföhle (befähle)	**befohlen**
beginnen 始める, 始まる		**begann**	begänne (begönne)	**begonnen**
beißen かむ		**biss**	bisse	**gebissen**
bieten 提供する		**bot**	böte	**geboten**
binden 結ぶ		**band**	bände	**gebunden**
bitten たのむ		**bat**	bäte	**gebeten**
bleiben とどまる		**blieb**	bliebe	**geblieben**
brechen 破る	*du* brichst *er* bricht	**brach**	bräche	**gebrochen**
brennen 燃える		**brannte**	brennte	**gebrannt**
bringen 持って来る		**brachte**	brächte	**gebracht**
denken 考える		**dachte**	dächte	**gedacht**
dürfen …してもよい	*ich* darf *du* darfst *er* darf	**durfte**	dürfte	**gedurft** **dürfen**
empfehlen 推薦する	*du* empfiehlst *er* empfiehlt	**empfahl**	empföhle	**empfohlen**
essen 食べる	*du* isst *er* isst	**aß**	äße	**gegessen**
fahren （乗物で）行く	*du* fährst *er* fährt	**fuhr**	führe	**gefahren**
fallen 落ちる	*du* fällst *er* fällt	**fiel**	fiele	**gefallen**

不定詞	直説法現在	過去基本型	接続法 第2式	過去分詞
fangen 捕える	*du* fängst *er* fängt	**fing**	finge	**gefangen**
finden 見いだす		**fand**	fände	**gefunden**
fliegen 飛ぶ		**flog**	flöge	**geflogen**
fliehen 逃げる		**floh**	flöhe	**geflohen**
fließen 流れる		**floss**	flösse	**geflossen**
geben あたえる	*du* gibst *er* gibt	**gab**	gäbe	**gegeben**
gehen 行く		**ging**	ginge	**gegangen**
gelingen 成功する		**gelang**	gelänge	**gelungen**
genießen 享受する		**genoss**	genösse	**genossen**
geschehen 起こる	*es* geschieht	**geschah**	geschähe	**geschehen**
gewinnen 獲得する		**gewann**	gewönne	**gewonnen**
gießen 注ぐ		**goss**	gösse	**gegossen**
greifen つかむ		**griff**	griffe	**gegriffen**
haben 持っている	*ich* habe *du* hast *er* hat	**hatte**	hätte	**gehabt**
halten 保つ	*du* hältst *er* hält	**hielt**	hielte	**gehalten**
hängen かかっている, かける		**hing**	hinge	**gehangen**
heben 持ちあげる		**hob**	höbe	**gehoben**
heißen …という名前です		**hieß**	hieße	**geheißen**
helfen 手助けする	*du* hilfst *er* hilft	**half**	hülfe	**geholfen**
kennen 知っている		**kannte**	kennte	**gekannt**

不定詞	直説法現在	過去基本型	接続法 第2式	過去分詞
klingen 響く		**klang**	klänge	**geklungen**
kommen 来る		**kam**	käme	**gekommen**
können …できる	*ich* kann *du* kannst *er* kann	**konnte**	könnte	**gekonnt** **können**
laden (荷を)積む	*du* lädst *er* lädt	**lud**	lüde	**geladen**
lassen …させる	*du* lässt *er* lässt	**ließ**	ließe	**gelassen**
laufen 走る	*du* läufst *er* läuft	**lief**	liefe	**gelaufen**
leiden 悩む		**litt**	litte	**gelitten**
leihen 貸す, 借りる		**lieh**	liehe	**geliehen**
lesen 読む	*du* liest *er* liest	**las**	läse	**gelesen**
liegen 横たわっている		**lag**	läge	**gelegen**
meiden 避ける		**mied**	miede	**gemieden**
mögen …かもしれない	*ich* mag *du* magst *er* mag	**mochte**	möchte	**gemocht** **mögen**
müssen …ねばならない	*ich* muss *du* musst *er* muss	**musste**	müsste	**gemusst** **müssen**
nehmen 取る	*du* nimmst *er* nimmt	**nahm**	nähme	**genommen**
nennen …と呼ぶ		**nannte**	nennte	**genannt**
raten 忠告する	*du* rätst *er* rät	**riet**	riete	**geraten**
reißen 裂く		**riss**	risse	**gerissen**
reiten 馬に乗る		**ritt**	ritte	**geritten**
rennen 駆ける		**rannte**	rennte	**gerannt**

不定詞	直説法現在		過去基本型	接続法 第2式	過去分詞
rufen 叫ぶ, 呼ぶ			**rief**	riefe	**gerufen**
schaffen 創造する			**schuf**	schüfe	**geschaffen**
scheinen 輝く, 思われる			**schien**	schiene	**geschienen**
schieben 押しやる			**schob**	schöbe	**geschoben**
schießen 撃つ			**schoss**	schösse	**geschossen**
schlafen 眠る	*du*	schläfst *er* schläft	**schlief**	schliefe	**geschlafen**
schlagen 打つ	*du*	schlägst *er* schlägt	**schlug**	schlüge	**geschlagen**
schließen 閉じる			**schloss**	schlösse	**geschlossen**
schmelzen 溶ける	*du*	schmilzt *er* schmilzt	**schmolz**	schmölze	**geschmolzen**
schneiden 切る			**schnitt**	schnitte	**geschnitten**
schreiben 書く			**schrieb**	schriebe	**geschrieben**
schreien 叫ぶ			**schrie**	schriee	**geschrien**
schweigen 沈黙する			**schwieg**	schwiege	**geschwiegen**
schwimmen 泳ぐ			**schwamm**	schwömme	**geschwommen**
sehen 見る	*du*	siehst *er* sieht	**sah**	sähe	**gesehen**
sein 在る	*ich*	bin *du* bist *er* ist *wir* sind *ihr* seid *Sie* sind	**war**	wäre	**gewesen**
senden 送る			**sandte** **(sendete)**	sendete	**gesandt** **(gesendet)**
singen 歌う			**sang**	sänge	**gesungen**
sinken 沈む			**sank**	sänke	**gesunken**

不定詞	直説法現在	過去基本型	接続法 第2式	過去分詞
sitzen 坐っている		**saß**	säße	**gesessen**
sollen …すべきである	*ich* soll *du* sollst *er* soll	**sollte**	sollte	**gesollt** **sollen**
sprechen 話す	*du* sprichst *er* spricht	**sprach**	spräche	**gesprochen**
springen 跳ぶ		**sprang**	spränge	**gesprungen**
stechen 刺す	*du* stichst *er* sticht	**stach**	stäche	**gestochen**
stehen 立っている		**stand**	stünde (stände)	**gestanden**
stehlen 盗む	*du* stiehlst *er* stiehlt	**stahl**	stähle	**gestohlen**
steigen 登る		**stieg**	stiege	**gestiegen**
sterben 死ぬ	*du* stirbst *er* stirbt	**starb**	stürbe	**gestorben**
stoßen 突く	*du* stößt *er* stößt	**stieß**	stieße	**gestoßen**
streichen なでる		**strich**	striche	**gestrichen**
streiten 争う		**stritt**	stritte	**gestritten**
tragen 運ぶ	*du* trägst *er* trägt	**trug**	trüge	**getragen**
treffen 当たる，会う	*du* triffst *er* trifft	**traf**	träfe	**getroffen**
treten 歩む	*du* trittst *er* tritt	**trat**	träte	**getreten**
trinken 飲む		**trank**	tränke	**getrunken**
tun する		**tat**	täte	**getan**
vergessen 忘れる	*du* vergisst *er* vergisst	**vergaß**	vergäße	**vergessen**
verlieren 失う		**verlor**	verlöre	**verloren**
wachsen 成長する	*du* wächst *er* wächst	**wuchs**	wüchse	**gewachsen**

不定詞	直説法現在		過去基本型	接続法 第2式	過去分詞
waschen 洗う	*du* *er*	wäschst wäscht	**wusch**	wüsche	**gewaschen**
werden （…に）なる	*du* *er*	wirst wird	**wurde**	würde	**geworden**
werfen 投げる	*du* *er*	wirfst wirft	**warf**	würfe	**geworfen**
wissen 知っている	*ich* *du* *er*	weiß weißt weiß	**wusste**	wüsste	**gewusst**
wollen …しようと思う	*ich* *du* *er*	will willst will	**wollte**	wollte	**gewollt** **wollen**
ziehen 引く			**zog**	zöge	**gezogen**
zwingen 強制する			**zwang**	zwänge	**gezwungen**

新装版・話すぞドイツ語！

検印省略	© 2007 年 4 月 1 日　　　V 2 版　　第 1 版 発 行
	2008 年 1 月15日　　　V2新版　第 1 版 発 行
	2019 年 1 月30日　　　V2新版　第 9 刷 発 行
	2023 年 1 月30日　　　新装版　第 1 版 発 行

著者　　　　　　　　　　　　　在 間　　進

発行者　　　　　　　　　　　　小川 洋一郎
発行所　　　　　　　　　株式会社 朝 日 出 版 社

〒 101-0065 東京都千代田区西神田 3-3-5
電話 (03) 3239-0271・72 (直通)
振替口座　東京　00140-2-46008
メディアアート／図書印刷

ISBN978-4-255-25463-0 C1084
https://www.asahipress.com